SECRETS DE CUISINE
ET D'ENTRETIEN

ÉDITION DU CLUB QUÉBEC LOISIRS INC.
Avec l'autorisation des éditions Quebecor inc.
© Quebecor 1992
Dépôt légal — Bibliothèque nationale du Québec, 1995
ISBN 2-89430-148-0
Publié précédemment sous les titres
Les secrets de cuisine de Sœur Monique
et
Les secrets d'entretien de Sœur Monique
et les ISBN 2-89089-845-8 et 2-89089-819-9

MONIQUE CHEVRIER

SECRETS DE CUISINE ET D'ENTRETIEN

QUÉBEC LOISIRS
6150, rte Transcanadienne
Saint-Laurent (Québec)

SECRETS DE CUISINE

TRUCS

ABRICOTS (GELÉE D')
- Pour empêcher les miettes de se retrouver sur la glace, badigeonnez le gâteau de gelée d'abricots.
- Une tarte aux fruits abricotée reste luisante.
- Un biscuit sec abricoté reste aussi luisant, et ne colle pas.
- La confiture d'abricots peut servir de sauce pour les desserts.

AGRUMES
- En faisant réchauffer à l'eau bouillante ou au four à micro-ondes les agrumes (citrons, oranges, pamplemousses, limes) que l'on veut presser, ou en les roulant préalablement avec la paume de la main, on obtient une plus grande quantité de jus.

AIL
- Dans un bol, en compagnie des légumes crus, la gousse d'ail fait fuir les petites bêtes indésirables.

SECRETS DE CUISINE ET D'ENTRETIEN

- Si vous voulez atténuer le parfum de l'ail tout en lui conservant son arôme, faites-le tremper une heure dans l'eau froide avant de vous en servir.
- Neutralisez l'odeur de l'ail dans votre salade en y ajoutant une bonne part de persil.
- Pour conserver l'ail, épluchez-le et, haché ou entier, couvrez-le d'huile et gardez-le au réfrigérateur. Vous épargnerez du temps.
- Pour enlever facilement la pelure de l'ail, il suffit de couper le petit bout du côté de la racine et d'écraser légèrement la gousse.
- Pour écraser l'ail, on coupe les morceaux en deux, on retire le germe — c'est-à-dire la partie verte — et on aplatit avec la lame du couteau.
- L'ail ne collera pas si vous le saupoudrez d'un peu de sel fin.
- Ajoutez l'ail aux préparations sans le faire revenir ; vous le digérerez mieux.

AMANDES ET NOIX

- Pour obtenir des amandes dorées à point en quelques minutes, il suffit de les saupoudrer de sucre avant de les mettre au four.
- Pour casser facilement l'écale des amandes et des noix, placez-les au four une quinzaine de minutes ; l'écale deviendra friable, et l'amande sera encore meilleure.
- Pour émonder (enlever la peau) les amandes, il faut les ébouillanter quelques minutes, puis les laisser refroidir ; il sera alors très facile de les peler.
- Si les amandes deviennent sèches, on peut leur rendre leur humidité en les trempant dans du lait chaud.
- Pour écraser des amandes, on peut les placer entre deux feuilles de plastique et se servir du rouleau à pâte.
- Lorsque vous hachez des amandes au robot culinaire, prenez soin de faire très souvent «marche-arrêt».

ANANAS

- L'ananas cru provoque un problème d'acidité gastrique chez certaines personnes. Pour éviter que cela ne se produise, faites-le pocher au sirop simple, soit 1 tasse de sucre et 1 tasse d'eau, que vous avez fait bouillir pendant 5 minutes.
- L'acide de l'ananas cru neutralise l'effet de la gélatine, qui reste liquide.
- L'ananas rôti accompagne bien le jambon, le porc et le poulet.

ANCHOIS

- On peut dessaler les anchois trop salés en les plongeant 10 minutes dans l'eau bouillante et en les rinçant ensuite à l'eau froide.

ARÔMES CONGELÉS

- Pour épargner du temps et pour avoir toujours de ces aliments sous la main, hachez finement oignon, échalote, ail, persil, basilic. Congelez-les séparément dans des moules à glaçons ou dans une petite assiette à tarte.
- Si vous avez utilisé des moules à glaçons, videz tout simplement le contenu congelé dans un sac de plastique.
- Si vous avez opté pour l'assiette à tarte, coupez le contenu congelé en petits morceaux, que vous placerez dans un sac de plastique.
  Vous aurez ainsi tout ce qu'il faut pour aromatiser soupes, sauces et vinaigrettes. Étiquetez chacun des sacs et inscrivez les aliments qu'ils contiennent sur la liste des produits de votre congélateur.

ASPERGES

- Les asperges en conserve peuvent vous dépanner facilement lorsque des visiteurs arrivent à l'improviste. Par exemple, servis en entrée avec une vinaigrette, les asperges font très bonne impression.
- Si vous avez des crêpes congelées, vous pouvez faire des crêpes farcies aux asperges dans une sauce béchamel, que vous saupoudrez de fromage avant de faire gratiner. C'est ainsi que les petits légumes font les grands plats !
- Notez que l'on doit couper et manger les asperges à la fourchette.

ASPIC

- Pour calculer sans problème la quantité, en tasses, de liquide et d'ingrédients de votre aspic, sortez d'abord les moules que vous désirez utiliser. Remplissez 1 tasse d'eau et versez-la dans le moule pour mesurer la quantité qu'il peut contenir. Vous saurez ainsi dans quel moule mettre votre aspic, et si vous devez augmenter ou diminuer la recette que vous faites.

AVOINE

- N'hésitez pas à ajouter un peu d'avoine à vos pâtés de viande ; c'est absolument délicieux !

SECRETS DE CUISINE ET D'ENTRETIEN

BACON

- On peut manger le bacon sec et croustillant avec les doigts.

  (Voir aussi *JAMBON* dans la section des techniques.)

BAIN-MARIE

- Vous arrive-t-il de laisser l'eau de votre bain-marie s'évaporer ? Pour éviter que cela ne se produise, déposez un couvercle de métal (celui d'un pot de confiture par exemple) dans le fond du bain-marie ; il se mettra à vibrer quand le niveau d'eau baissera, et le bruit vous avertira.
- Si vous désirez que la cuisson soit plus rapide, déposez une poignée de gros sel au fond du bain-marie et gardez l'eau juste au point d'ébullition.

BALANCE

Une cuisine bien équipée contient toujours une balance et une horloge. Toutefois, si vous n'avez pas de balance, voici quelques-uns de mes petits secrets pour vous dépanner.

Dans 1 livre, il y a :

- 2 tasses de beurre ;
- 2 tasses de sucre ;
- 2 tasses de viande hachée crue ;
- $2^{1/3}$ tasses de graisse végétale ;
- 3 tasses de viande cuite ;
- 3 tasses de pommes tranchées ;
- $3^{1/2}$ tasses de noix avec écales ;
- 4 tasses de farine ;
- $5^{2/3}$ tasses d'amandes tranchées.

BANANES

- Ne mettez jamais les bananes au réfrigérateur ; faites plutôt comme les Antillais : enveloppez-les dans du papier journal et gardez-les dans un endroit frais.

BASILIC

- Le basilic est excellent dans les salades et les sauces.

BÉCHAMEL
- La sauce béchamel est à la base de plusieurs préparations. Vous devez donc y apporter beaucoup de soins.
- Le roux doit être cuit à point avant que le liquide ne soit ajouté ; sinon, la sauce sera indigeste et sans saveur.

BETTERAVE
- Pour éviter de vous tacher les mains lorsque vous débarrassez les betteraves de leur pelure, enfilez des gants de caoutchouc.

BEURRE DUR
- Vous avez oublié de sortir le beurre à l'avance ? Pas de problèmes ! Faites de petits copeaux avec votre éplucheur. Le beurre aura ainsi belle allure et, surtout, il sera plus facile à tartiner.
- Pour ramollir le beurre, utilisez le four à micro-ondes, quelques secondes tout au plus.

BICARBONATE DE SOUDE
- Le bicarbonate de soude («soda à pâte» ou «petite vache») est un ingrédient merveilleux : il fait lever la pâte, surir le lait pour la pâte à biscuits, et désodorise le réfrigérateur. Il change l'odeur des contenants et éteint le feu dans la poêle à friture.

  (Voir aussi **SODA À PÂTE**.)

BIFTECK
- Afin de bien servir chacun de vos convives quand vous leur offrez un bifteck, après chaque pièce de viande, déglacez la poêle en délayant les sucs caramélisés au fond avec de l'eau ou du bouillon. Ce liquide servira de sauce. Ensuite, essuyez soigneusement la poêle et recommencez. Les biftecks suivants n'auront ainsi jamais un arrière-goût de brûlé.

BLANCS D'ŒUFS
- Pour obtenir une plus grande quantité de meringue, ajoutez du sel à vos blancs d'œufs.

SECRETS DE CUISINE ET D'ENTRETIEN

- Le blanc d'œuf peut également servir de substitut à la crème à fouetter. Il suffit de le monter en neige et d'y ajouter tout doucement une cuillère à thé de beurre fondu. Vous pourrez ainsi décorer votre gâteau ou votre tarte.
- Équivalence : 8 blancs d'œufs donnent 1 tasse.

BŒUF

- Avez-vous déjà calculé le nombre de portions que vous pouviez faire avec un kilo de bœuf haché ? Faites-le tout de suite, vos achats en seront facilités et vous aurez toujours juste assez de viande. Par ailleurs, vous saurez ainsi quand il convient d'augmenter une recette.
- Le pourcentage de gras dans le bœuf haché détermine son prix. Plus il y a de gras, moins le prix est élevé. N'achetez pas de bœuf haché très gras, car il y a une trop grande diminution lors de la cuisson (vous ne faites donc pas d'économies.)

(Voir aussi **BŒUF HACHÉ** dans la section des techniques.)

BOUILLON

- Déposez toujours dans l'eau froide les ingrédients dont vous vous servez pour faire votre bouillon.
- La cuisson lente et douce donne de meilleurs résultats ; le bouillon est alors plus succulent et plus limpide.
- Ne couvrez jamais la marmite pendant la cuisson du bouillon afin d'éviter qu'il ne renverse, qu'il cuise trop rapidement et pour qu'il reste limpide. De cette façon, il sera aussi plus facile de l'écumer, opération que vous devez faire souvent.
- Ne couvrez jamais la marmite pendant la cuisson du bouillon afin d'éviter qu'il ne renverse, qu'il cuise rapidement et pour qu'il reste limpide. De cette façon, il sera aussi plus facile de l'écumer, opération que vous devez faire souvent.
- Au frigo, gardez au bouillon son gras : il forme une couche protectrice.
- Après quatre ou cinq jours au réfrigérateur, chauffez de nouveau le bouillon pour prolonger sa durée de conservation.
- Congelez le surplus de bouillon, de préférence dans des moules à glaçons. Le lendemain, déposez les cubes dans un sac de plastique. Utilisez ces cubes au besoin pour vos soupes ou vos sauces.

- Quand vous n'avez pas le temps d'attendre que votre bouillon refroidisse pour le dégraisser, déposez dans un tamis un linge mouillé à l'eau froide ou quelques glaçons, et coulez votre bouillon : le gras adhérera à la glace ou au coton mouillé, tandis que le bouillon s'écoulera au travers du tamis.

BOULETTES DE VIANDE

- Pour empêcher le bœuf haché de s'émietter lorsque vous faites un pain de viande ou des boulettes, incorporez un œuf battu à la viande.
- Préparez des boulettes de bœuf haché à l'avance et congelez-les. Elles pourront vous servir dans une sauce à spaghetti, dans une sauce brune, dans un potage, etc.

BROCOLI

- Pour éviter l'odeur désagréable du brocoli qui cuit, mettez un peu de sucre et de jus de citron dans l'eau de cuisson.

CAFÉ

- Gardez votre café — en grains, moulu ou soluble (instantané) — au réfrigérateur ou au congélateur afin de conserver son arôme.
- Quand vous faites du café, n'utilisez jamais d'eau calcaire : elle lui confère un goût âcre.
- Si vous achetez du café en grains, moulez-le au fur et à mesure que vous en avez besoin.
- Ne jetez pas vos restes de café : ils serviront à faire une bonne crème pour le dessert, ou une glace moka pour vos gâteaux. Vous pourrez également en ajouter au chocolat chaud.
- Ne versez pas toute la quantité d'eau bouillante sur la poudre de café soluble. Versez-en plutôt un peu, attendez quelques secondes, brassez, puis ajoutez le reste de l'eau. L'arôme sera meilleur.
- Un bâton de cannelle dans votre café trompera la routine.

CASSEROLES

- Les casseroles d'aluminium épaisses donnent de bons résultats pour étuver les légumes, car ces derniers n'y adhèrent pas.

SECRETS DE CUISINE ET D'ENTRETIEN

CASSONADE

- Si votre cassonade est devenue dure comme une roche, ne la jetez pas. Placez-la dans un contenant de plastique avec une orange entière ou une pomme bien ferme. Après deux ou trois jours, votre cassonade sera redevenue molle.
- Si, faute de place, vous ne pouvez garder la cassonade au réfrigérateur, conservez-la au garde-manger, dans un contenant de plastique, avec une orange ou une pomme (que vous changerez souvent).

CAVE À VIN MINIATURE

- Ouvrez aux deux extrémités une dizaine de boîtes de tomates de 796 mL. Formez une pyramide de ces boîtes, attachez-les soigneusement et peignez-les. Déposez la pyramide dans votre garde-manger et servez-vous-en pour ranger les bouteilles que vous devez garder couchées.

CÉLERI

- Le céleri fané reprend vie dans l'eau glacée.
- Si vous achetez un surplus de céleri, vous pouvez le garder au congélateur. Cela vous permettra d'utiliser à la dernière minute juste ce qu'il vous faut dans vos salades et vos soupes. Il aura conservé sa couleur et sa saveur, et semblera frais.

(Voir aussi **LÉGUMES** dans la section des techniques.)

CÉRÉALES RAMOLLIES

- Pour redonner leur croustillant à des céréales ramollies, déposez-les sur une lèchefrite et placez-les au four à 165°C (325°F) pendant 10 à 15 minutes. Laissez-les refroidir sur la plaque avant de les remettre dans un contenant.

CERISES

- Idée de décoration : faites congeler une cerise dans chacun des compartiments remplis d'eau de votre moule à glaçons.

CHAMPIGNONS

- Pour avoir des champignons bien blancs, passez-les dans une eau citronnée ou vinaigrée. Égouttez immédiatement.

CHOCOLAT

- Vous améliorerez la saveur du chocolat dans vos desserts en le faisant fondre dans du café fort.
- Pour que votre chocolat chaud soit plus crémeux, ajoutez-lui une guimauve.

CHOU

- Comment choisir un chou vert ? Il faut le prendre bien lourd, très vert, avec des feuilles serrées. Le jeune chou est plus tendre que le gros chou mûr.

   (Voir aussi *LÉGUMES* dans la section des techniques.)

CHOU-FLEUR

- Pour éviter que le chou-fleur ne dégage une odeur désagréable en cuisant, mettez un peu de sucre et de jus de citron dans l'eau de cuisson.

CITRON

- Ne jetez pas le demi-citron que vous venez de presser. Piquez-le avec une fourchette, et utilisez-le pour brasser une sauce pour le poisson.
- Comme tous les agrumes, le citron donnera plus de jus si vous le faites tremper dans de l'eau chaude, si vous le placez quelques secondes dans le four à micro-ondes, ou si vous le roulez avec votre main sur la planche à légumes avant de le presser.
- Si vous n'avez pas besoin de tout le jus du citron, piquez-le avec un petit bâton, pressez la quantité nécessaire et remettez le bâtonnet dans le trou.
- Si vous n'avez pas de presse-jus, piquez un demi-citron avec une fourchette et tournez : vous obtiendrez facilement du jus.
- Les légumes frais, en conserve ou surgelés auront meilleure saveur si vous leur ajoutez quelques gouttes de jus de citron.
- La mayonnaise a un goût plus savoureux et est plus vitaminée quand elle contient un peu de jus de citron.
- Pour sucrer votre thé ou vos desserts, faites un «sucre-citron» : mettez le zeste d'un citron dans une tasse de sucre.
- Mettez un peu de zeste de citron dans votre théière avant d'infuser votre thé ; celui-ci n'en sera que plus savoureux !
- Pour remplacer le sel comme assaisonnement, utilisez du jus de citron.

SECRETS DE CUISINE ET D'ENTRETIEN

CONCOMBRES
- Pour obtenir des concombres plus tendres, faites dégorger les tranches (c'est-à-dire saupoudrez-les légèrement de sel) pendant quelques minutes ; égouttez-les avant de les mettre dans votre salade ou de les servir à la crème.

CONGÉLATEUR
- Bien entendu, votre congélateur n'est pas toujours rempli à capacité. Pour garder les aliments en bon état, remplissez d'eau des contenants de plastique et faites-les congeler. En cas de panne électrique, votre congélateur conservera les aliments plus longtemps.

COQUILLES
- Pour éviter la présence de calcaire dans votre bouillon ou dans le fond du bain-marie, déposez-y une coquille d'huître.
- Pour empêcher votre coquille Saint-Jacques de basculer à la cuisson ou dans l'assiette, déposez-la sur une tranche de mie de pain ou sur un papier d'aluminium froissé.

COUTEAUX
- Les fines herbes se coupent aux ciseaux ; la viande, au couteau.
- Pour aimer faire la cuisine, il faut avoir les outils appropriés, par exemple, de bons couteaux : un couteau du chef, un couteau pare-tout (économe) et un couteau à désosser.
- On doit traiter les couteaux avec soin et ne pas les utiliser en toute occasion.
- Chaque jour, il faut passer les couteaux sur la pierre douce ou le fusil. Si vos couteaux ne coupent pas bien et que vous n'ayez pas de fusil ou de pierre douce, aiguisez-les en les frottant l'un sur l'autre. Cette opération pourra vous tirer d'affaire momentanément.
- On ne doit jamais tremper les couteaux dans l'eau de l'évier ou du lave-vaisselle : ils perdraient vite leur tranchant.

CRÈME À FOUETTER
- Vous n'avez plus de crème à fouetter ? Battez tout simplement un blanc d'œuf en neige et ajoutez doucement une cuillère à thé de beurre fondu. Vous pourrez ainsi décorer votre gâteau ou votre tarte.

CRÈME ANGLAISE

- Votre crème anglaise tourne facilement ? Si vous avez un mélangeur, faites faire un petit tour à votre crème. Sinon, allez-y d'un bon coup de fouet ! Vous pouvez également la verser dans un bocal que vous fermerez hermétiquement ; agitez-le ensuite fortement, et votre crème redeviendra lisse.
- Pour empêcher votre crème anglaise de tourner, ajoutez une cuillère à thé de farine au moment de la cuisson : elle supportera mieux l'ébullition.

CRÈME DE TARTRE

- Mélangée avec du «soda à pâte», la crème de tartre devient un agent pour faire lever la pâte.
- On utilise aussi la crème de tartre pour la préparation des glaces à gâteau cuites et des bonbons, qu'elle empêche de cristalliser.
- La crème de tartre aide les blancs d'œufs à rester plus fermes et les meringues à mieux sécher. Cependant, les blancs d'œufs demandent à être battus plus longtemps qu'à l'accoutumée.
- N'achetez pas de grandes quantités de crème de tartre : elle perd son pouvoir agissant en quelques mois.

CRÈME SURE

- Avez-vous déjà pensé à utiliser de la crème sure au lieu de la crème fouettée avec vos desserts ? Elle contient moins de calories.

CROISSANTS

- Les croissants datent d'hier et vous avez envie de retrouver leur fraîcheur ? Faites-les chauffer au four, enveloppés dans du papier de soie mouillé ; ils seront aussi frais que s'ils venaient à peine de sortir de chez le boulanger.

CROÛTES DE TARTE

- Pour économiser du temps, préparez à l'avance des croûtes de tarte et congelez-les, crues ou cuites.
- Savez-vous que, pour qu'elles gardent leur forme, il faut faire les croûtes de tarte sur le dos de l'assiette avec de la pâte brisée ?

(Voir aussi *PÂTE À TARTE* dans la section des techniques.)

SECRETS DE CUISINE ET D'ENTRETIEN

CUISSON

- En composant vos menus, pensez à épargner de l'énergie : utilisez votre four pour cuire le plat de résistance, le plat de légumes et un dessert, qui demandent la même température.
- Ne faites jamais cuire un gâteau ou une tarte avec un plat cuisiné qui dégage de la vapeur.

DÉCANTER LE BOUILLON

- Vous souhaitez vous débarrasser du dépôt au fond de votre bouillon ? Versez le liquide dans une bouteille de plastique, percez le contenant juste au-dessus du dépôt et laissez le bouillon s'écouler dans un récipient, que vous aurez préalablement placé sous votre bouteille de plastique.

DÉGRAISSAGE

- Pour dégraisser une sauce ou un bouillon encore chaud, étalez sur la surface un essuie-tout : le papier absorbera le gras. Répétez l'opération deux ou trois fois.
- Vous pouvez aussi déposer un linge mouillé à l'eau froide ou quelques glaçons dans un tamis, et couler votre bouillon : le gras adhérera à la glace ou au coton mouillé, tandis que le bouillon s'écoulera à travers le tamis.
- Le dégraissage à froid reste toutefois la méthode la plus efficace et la plus simple.

DÉMOULAGE

- Votre gâteau ne veut pas se démouler ? Déposez le moule sur une serviette bien mouillée à l'eau très chaude et laissez cinq minutes. Le gâteau sortira facilement.

DIMENSION DES PLATS

Voici quelques trucs pour toujours choisir la bonne dimension du plat convenant à votre mets. Pour une recette demandant :

- un plat de quatre tasses, choisir :
  - une assiette à tarte de 9 po ;
  - un moule à pain de 7 po x 3 po x 2 po ;
  - un moule à gâteau de 8 po x $1^{1/2}$ po ;
- un plat de 6 tasses, choisir :
  - un moule à pain de 8 po x $3^{1/2}$ po x $2^{1/2}$ po ;

- un moule rond de 8 po x 3¹ᐟ² po ;
- une assiette à tarte de 10 po ;
- un moule à gâteau de 9 po x 1¹ᐟ² po ;
- un plat de 8 tasses, choisir :
  - deux moules carrés de 8 po x 8 po ;
  - un moule à pain de 9 po x 5 po x 3 po ;
  - une lèchefrite à gâteau de 12 po x 7 po x 1¹ᐟ² po.

EAU DE CORNICHON

- Vous n'avez rien pour aromatiser votre court-bouillon ? Prenez l'eau de votre pot de cornichon. Vous pouvez aussi vous en servir dans vos vinaigrettes et vos mayonnaises.

EAU DE CUISSON

- Conservez toujours l'eau de cuisson des légumes : elle constitue une grande source de vitamines. Ajoutez-la aux soupes ou au jus de tomates ; vous augmenterez ainsi leur quantité et améliorerez leur qualité.
- Mettez toujours une ou deux cuillères à soupe de farine dans l'eau de cuisson des légumes qui ont tendance à noircir, les pommes de terre par exemple.
- L'eau de cuisson refroidie peut servir à plusieurs fins. Voici quelques idées :
  - Ajoutez-la à du jus de tomates ou de légumes.
  - Ajoutez-la à du bouillon de poulet et buvez ce mélange chaud.
  - Utilisez-la pour vos béchamels ; elles n'en seront que meilleures.
  - Déglacez la poêle d'une viande rôtie ; votre sauce sera délicieuse.

ÉCAILLER UN POISSON

- Il y a plusieurs méthodes pour écailler un poisson sans éclaboussures. En voici deux :
  - Sur la table de la cuisine, placez une boîte de carton, ouverture sur le côté, quelques papiers essuie-tout dans le fond, et écaillez le poisson à l'intérieur.
  - Plongez le poisson deux minutes dans l'eau bouillante : il s'écaillera sans éclabousser.
- Pour écailler le poisson, il faut gratter de la queue vers la tête. Notez qu'il faut faire cette opération avant de vider le poisson.

SECRETS DE CUISINE ET D'ENTRETIEN

ÉCHALOTES
- Un petit truc pour épargner du temps : hachez les queues d'échalotes et congelez-les. Ainsi, vous en aurez toujours sous la main pour assaisonner soupes et salades.

ENDIVES
- Pour enlever le goût amer des endives et conserver leur blancheur, cuisez-les dans un mélange moitié eau et moitié lait.

ESCALOPES
- Pour que les escalopes de vos paupiettes soient très minces, placez-les entre deux feuilles de pellicule plastique (du papier saran, par exemple) et aplatissez-les doucement avec le rouleau à pâte.

ESTRAGON AU PASTIS
- Pour aromatiser votre vinaigrette à l'estragon, ajoutez quelques gouttes de pastis.

FARINE
- Mettez toujours une ou deux cuillères à soupe de farine dans l'eau de cuisson des légumes qui ont tendance à noircir.

FAUSSE CRÈME
- Vous n'avez plus de crème à fouetter ? Battez tout simplement un blanc d'œuf en neige et ajoutez doucement une cuillère à thé de beurre fondu. Vous pourrez décorer votre gâteau ou votre tarte.

FENOUIL
- Le fenouil est une plante miracle ; on utilise ses graines, sa tige, ses feuilles, et même sa racine. Elle sert d'aromate aux légumes cuits, crus ou en salade.

  (Voir aussi **LÉGUMES** dans la section des techniques.)

FEUILLES DE CÉLERI
- Gardez toujours les feuilles de céleri pour aromatiser le bouillon, pour donner saveur et valeur nutritive à vos salades.

FINES HERBES
- Les fines herbes se coupent avec des ciseaux.

FRAÎCHEUR DU POISSON
- Règle d'or pour l'achat du poisson : la fraîcheur. Avant d'acheter le poisson, vérifiez-en toujours la présentation ; par exemple, le poisson frais doit être gardé sur la glace ; l'œil du poisson frais entier est aussi un bon indice...
- De préférence, achetez vos poissons dans une poissonnerie.

(Voir aussi **POISSON** dans la section des techniques.)

FRAISES
- Les fraises non équeutées se mangent avec les doigts ; celles qui sont équeutées doivent être déposées dans un bol et mangées à la cuillère.

FROMAGE
- Pour épargner temps et argent, râpez votre fromage vous-même et conservez-le au congélateur dans des sacs ou des petits contenants de plastique (des contenants à yogourt, par exemple).
- Ne placez jamais tous vos fromages dans le même contenant : les arômes se mélangeraient et la saveur de chacun en serait altérée.
- Pour agrémenter le fromage de chèvre, ajoutez-lui un peu de thym ou de romarin.
- Pour que le fromage ne colle pas à votre râpe et pour rendre celle-ci plus facile à nettoyer, râpez une pomme de terre au préalable.
- Vous pouvez faire vous-même votre fromage blanc aux herbes pour accompagner vos salades. La recette est très simple : à du fromage à la crème ou du fromage cottage, incorporez queues d'échalotes, ciboulette, ail et autres herbes fraîches ou séchées. Mieux encore : variez les ingrédients et composez vous-même vos propres fromages aux herbes.
- Avez-vous pensé à égoutter du yogourt dans du coton ? Vous obtiendrez ainsi un excellent fromage, que vous pourrez aromatiser à votre goût.
- Si vous avez plusieurs petits restes de fromage, passez-les ensemble au robot et ajoutez-leur un œuf pour faire une liaison. Façonnez-les ensuite en boules, roulez-les dans la chapelure et faites-les frire. Vous aurez des amuse-gueule délicieux.

SECRETS DE CUISINE ET D'ENTRETIEN

FRUITS CONFITS
- Pour que les fruits confits ne collent pas entre eux, versez quelques gouttes de glycérine sur le dessus et refermez la boîte.

GÂTEAU
- Pour aider le gâteau à gonfler, passez entre la pâte et le moule un couteau trempé dans de l'eau froide.
- Pour empêcher le côté tranché du gâteau de sécher, piquez-y une tranche de pain à l'aide de cure-dents.
- Votre gâteau ne veut pas se démouler ? Déposez le moule sur une serviette bien mouillée à l'eau très chaude et laissez reposer cinq minutes. Le démoulage se fera sans problème.

(Voir aussi *PÂTE À GÂTEAUX* dans la section des techniques.)

GÂTEAU AUX FRUITS
- Pour conserver la saveur du rhum ou du cognac, arrosez le gâteau après la cuisson.
- Si le gâteau aux fruits brunit trop vite, déposez sur le dessus un papier d'aluminium que vous enlèverez avant la fin de la cuisson.
- Pour que les fruits soient bien répartis, coupez votre gâteau en trois, mettez la tranche du bas au milieu et réunissez les tranches avec un peu de gelée de pommes. Glacez votre gâteau, et le tour est joué !

GLAÇONS
- Pour empêcher les glaçons démoulés de coller ensemble, il suffit de les arroser d'eau gazéifiée.

GLISSEMENT DES PLATS
- Un linge mouillé placé sous votre bol à mélanger l'empêche de glisser.

HARICOTS BLANCS
- Cuire les haricots blancs avec une carotte les attendrit.

HARICOTS VERTS

- Lavez les haricots verts à l'eau froide avant la cuisson. Cuisez-les à découvert après avoir ajouté à l'eau un peu de sel et une petite cuillère de bicarbonate de soude pour conserver aux légumes leur belle couleur.

HERBES SÉCHÉES

- Pour redonner tout leur arôme aux herbes séchées, déposez-les dans une passoire juste avant de les utiliser et maintenez celle-ci au-dessus de la vapeur quelques minutes.

HUILE

- Lorsque vous faites sauter des légumes dans une poêle, employez toujours de l'huile à la place du beurre ; ce dernier se fige en refroidissant.
- Si vous n'avez pas de thermomètre pour vérifier la température de votre huile à friture, ajoutez-y quelques grains de maïs crus : ils monteront à la surface quand l'huile sera à point.

JUS D'ORANGE

- Pour rehausser la saveur de votre jus d'orange, sucrez-le avec un carré de sucre préalablement frotté avec le zeste du fruit.

LAIT

- La cuisson du poisson dans le lait garde la chair plus blanche, surtout lorsqu'il s'agit de la morue.
- Pour enlever le mauvais goût du lait bouilli, plongez la casserole dans l'eau froide et laissez le lait refroidir ; changez l'eau deux ou trois fois.
- Si vous devez faire bouillir du lait et craignez qu'il ne tourne, mettez une cuillère à thé de sucre en brassant.
- Pour économiser, utilisez du lait en poudre dans vos préparations culinaires. Vous pouvez délayer la poudre avec l'eau de cuisson des légumes que vous avez fait refroidir.

LÉGUMES

- Cuisez toujours vos légumes au dernier moment. La cuisson ou l'attente prolongée réduit la saveur de ces aliments, leur confère un goût désagréable de «réchauffé» et en altère l'apparence.

- Toutefois, vous pouvez faire cuire les légumes à l'avance, les refroidir complètement à l'eau froide et les égoutter. Ensuite, il suffit de les réchauffer à la marguerite (vapeur) quelques minutes ou au four à micro-ondes. C'est un moyen facile et rapide de préparer de bons repas en peu de temps.
- Si vous faites sauter des légumes pour une salade, utilisez de l'huile au lieu du beurre, car ce dernier se fige en refroidissant.
- Si vous avez oublié les légumes sur le feu et qu'ils aient collé, recouvrez la casserole de plusieurs épaisseurs de torchons préalablement mouillés à l'eau froide. Saupoudrez ensuite les torchons de gros sel et enlevez délicatement les légumes ou la purée.
- Il y a deux façons de préserver la belle couleur de vos légumes verts : vous pouvez les cuire soit à la vapeur, soit dans de l'eau plus salée qu'à l'ordinaire et sans couvercle.

(Voir aussi *LÉGUMES* dans la section des techniques.)

LIMETTE
- Ajoutez un peu de jus de limette à votre mayonnaise : elle sera plus savoureuse !

MADÈRE
- Il ne reste plus de madère pour aromatiser la sauce ? Faites tout simplement bouillir des pruneaux dans du vin blanc sucré. Personne ne verra la différence !

MARMELADE D'ORANGE AMÈRE
- Si votre marmelade d'orange est trop amère, la prochaine fois, faites bouillir les écorces quelques minutes et jetez l'eau avant de les ajouter à la préparation.
- Employez la même technique lorsque vous utilisez des écorces râpées dans vos pâtisseries ou vos desserts.

MAYONNAISE
- Pour allonger un reste de mayonnaise, ajoutez en fouettant une quantité égale de béchamel épaisse.
- Si vous avez raté votre mayonnaise, utilisez-la en vinaigrette additionnée de yogourt ou de crème sure.

- Pour reprendre une mayonnaise qui a tourné, recommencez une préparation avec de l'huile fraîche ; dès que le mélange a épaissi, ajoutez par petites quantités la mayonnaise qui n'a pas monté et rien ne sera perdu !
- Variez vos mayonnaises. Divisez votre préparation et placez les quantités dans des petits contenants. Ajoutez, par exemple, de l'ail dans l'un ; du persil haché dans l'autre ; de la sauce chili dans un troisième ; de la moutarde dans le suivant, ou encore des cornichons et de la relish.
- Un peu de limette rend la mayonnaise plus savoureuse.

MÉLASSE

- Avant de mesurer la mélasse, badigeonnez l'instrument de mesure avec un peu d'huile ; vous n'en perdrez pas une goutte !

MENTHE

- La menthe, qu'elle soit séchée ou congelée, se conserve en pots.
- Mâchez quelques feuilles de menthe après avoir mangé de l'ail ou de l'oignon ; votre haleine sera plus fraîche.
- Ajoutez de la menthe à vos infusions de thé, chaudes ou froides.
- Avez-vous pensé à semer de la menthe dans votre potager ? Vous aurez ainsi toujours sous la main des feuilles pour la tisane ou une garniture pour vos salades de fruits.

MERINGUE

- Évitez de faire des pics dans la meringue : ceux-ci dorent avant le reste, puis noircissent.
- Si vous avez manqué votre meringue, ne la jetez pas. Utilisez-la plutôt pour faire des petits biscuits en y incorporant du beurre mou et un peu de sucre à glacer.

MIEL GRANULÉ

- Pour redonner au miel sa belle texture lisse, il suffit de le faire fondre à feu doux dans un chaudron d'eau. Laissez ensuite refroidir à découvert.

MORUE

- La morue gardera sa belle couleur blanche si vous la faites pocher dans du lait au lieu de l'eau. Et elle n'en sera que plus délicieuse !

SECRETS DE CUISINE ET D'ENTRETIEN

MOULE

- Vous n'avez pas suffisamment de moules pour vos pâtés ? Alors fabriquez-en rapidement. Taillez deux grands cercles de papier d'aluminium et moulez-les autour d'un pot de votre choix à fond large. Cette méthode peut aussi vous servir pour préparer des petits contenants pour la congélation.

MOUTARDE

- Rehaussez la saveur de votre mayonnaise en y ajoutant un peu de moutarde sèche et de moutarde préparée préalablement mélangées.

MOUTARDE EN PÂTE

- Si, dans une recette, on vous demande de la moutarde française, utilisez de la moutarde en pâte (la moutarde de Dijon, par exemple).

MOUTARDE SÈCHE

- Si on vous demande de la moutarde anglaise, utilisez de la moutarde sèche.
- Recouvrez la moutarde sèche d'un zeste de citron : vous conserverez sa fraîcheur.

NE RIEN JETER

Ne jetez pas vos restes : ils vous permettront d'économiser et de varier vos plats. Voici quelques suggestions :

- Ajoutez vos petits morceaux de jambon ou de poulet à une omelette.
- Croûtons séchés et restes de légumes font un très bon potage onctueux ; il suffit de placer le tout dans un mélangeur, d'ajouter un peu de bouillon ou du lait, puis de mettre à chauffer dans un chaudron.
- Les petits morceaux de viande cuite (bœuf, porc, veau, volaille) complètent très bien un reste de légumes cuits. Agrémentez-les d'une vinaigrette et vous obtiendrez une entrée délicieuse.
- Que faire avec cette petite cuillerée de cacao dans le fond de la boîte ? Ajoutez-la à votre café : c'est exquis et gastronomique.

ŒUFS

- Poids approximatif d'une douzaine d'œufs :
  - extra gros : 765 g (27 oz) ;
  - gros : 680 g (24 oz)
  - moyens : 595 g (21 oz) ;

- petits : 510 g (18 oz)
- très petits : moins de 510 g (moins de 18 oz).
- Les œufs que l'on cuit dans l'eau salée ont meilleur goût. De plus, le sel empêche la coquille de se briser. Pour éviter qu'un cercle noir ne se forme autour du jaune de l'œuf dur, plongez ce dernier dans l'eau froide tout de suite après la cuisson.
- Pour enlever facilement la coquille de l'œuf dur, frappez-la à plusieurs endroits sur le rebord de l'évier ou avec un couteau, puis roulez-la dans vos mains en pressant ; ensuite, commencez à enlever la coquille par le gros bout, là où se trouve la chambre à air. Vous pouvez aussi tenir l'œuf sous l'eau courante du robinet ou le laisser tremper quelques instants dans un bol d'eau froide.
- Vous devez faire cuire une grande quantité d'œufs pour une salade ou des sandwichs ? Voici un truc facile pour épargner du temps : cassez les œufs dans une lèchefrite allant au four et ajoutez un peu d'eau ; couvrez et faites cuire 20 minutes à 175°C (350°F) ; laissez refroidir, puis coupez les œufs en morceaux pour la salade ou écrasez-les pour les sandwichs.
- Augmentez les portions de votre pain de viande en insérant une rangée d'œufs durs au centre. En plus de vous faire économiser des sous, cette méthode vous permettra de varier la présentation de vos pains de viande.
- Il faut toujours casser les œufs séparément au cas où l'un d'entre eux serait mauvais ; vous l'empêcherez ainsi de gâter les autres.
- De même, séparez les blancs des jaunes individuellement, car le jaune empêche le blanc de monter. Pour enlever les traces de jaune dans le blanc, servez-vous de la coquille d'œuf.
- Pour éviter de briser le jaune en séparant l'œuf, le tenir dans votre main de façon que le jaune soit dans le bout : le blanc tombera de lui-même.
- Pour laisser le jaune dans sa coquille si vous n'avez besoin que du blanc, percez les deux bouts de l'œuf et laissez couler le blanc. Le jaune restera frais encore quelque temps si vous le conservez au réfrigérateur. Vous pouvez aussi le congeler.
- L'épais filament blanc n'est pas le germe, mais bien la chalaze, qui aide à maintenir le jaune au milieu de l'œuf. La chalaze adhère au jaune et aux bouts de l'œuf ; elle doit rester dans le blanc, car elle l'aide à monter en neige.
- Si le jaune d'œuf vous semble trop pâle, mettez-lui un peu de sel ; il reprendra une belle couleur.

- Comment savoir si l'œuf est frais ? Fiez-vous aux petits trucs suivants :
  - un œuf frais secoué près de l'oreille ne fait aucun bruit ;
  - l'œuf frais plongé dans l'eau va au fond ; s'il est âgé de plus de 8 jours, il flotte. Il est encore bon, mais il est préférable de l'utiliser comme ingrédient dans les plats cuisinés.
- Les blancs d'œufs ou les jaunes d'œufs en surplus se congèlent très bien en petites portions ; les moules à glaçons sont parfaits pour cela. Indiquez-en toujours la quantité. Une fois les œufs congelés, déposez les cubes dans un sac de plastique et remettez-les au congélateur.
- Lorsque vous montez un blanc d'œuf en neige, assurez-vous que le bol que vous utilisez soit très propre.
- Vous avez cassé un œuf à deux jaunes ? Comptez-le comme un seul œuf : votre gâteau n'en sera que meilleur.

(Voir aussi **ŒUFS** dans la section des techniques.)

ŒUFS AROMATISÉS

- Aimeriez-vous changer le goût des œufs ? Enveloppez des œufs frais dans un papier d'aluminium avec de l'estragon, du thym ou du laurier pendant 24 à 48 heures. Faites-les ensuite cuire à la coque. Ils seront délicieux... et d'un goût différent !

ŒUFS BROUILLÉS LÉGERS

Voici un moyen infaillible pour obtenir des œufs brouillés légers et mousseux.

- Séparez les blancs des jaunes d'œufs, puis montez les blancs en neige. Battez les jaunes à la fourchette et incorporez-les aux blancs battus.

ŒUFS DURS

- Pour prévenir le fendillement de la coquille à la cuisson, ajoutez du sel à l'eau avant d'y mettre les œufs. Vous pouvez aussi y déposer trois ou quatre allumettes usagées.

OIGNONS

- Conservez les oignons dans un endroit frais et aéré, et non au réfrigérateur.
- Pour ne pas pleurer lorsque vous coupez des oignons, mettez-les dans l'eau chaude avant de les peler. Coupez près de la racine et de la queue afin de ne

pas faire sortir le jus. Si cela ne suffit pas, mettez les oignons pelés 5 à 10 minutes au congélateur (ils ne gèlent pas, mais deviennent très froids).

- L'oignon que l'on fait revenir dans un peu de gras avant de l'ajouter à un pain de viande, à des boulettes, à une farce ou à des pommes de terre en purée, se digère plus facilement et empêche vos préparations de surir.

- La petite pellicule collée sur l'intérieur de chaque rondelle d'oignon est indigeste. Enlevez-la et vous verrez tout de suite la différence.

- N'hésitez pas à mettre beaucoup d'oignons dans vos préparations culinaires. Cela vous évitera d'y ajouter du sel, et vos plats n'en seront que plus savoureux.

- Pour garder votre haleine fraîche, mâchez du persil ou des feuilles de menthe ou croquez un clou de girofle après avoir mangé oignons, ail et échalotes.

- Si vous désirez des oignons entiers cuits avec le rôti, trempez-les dans l'eau bouillante 30 minutes, égouttez-les, puis déposez-les autour du rôti 1 heure avant la fin de la cuisson.

- Faites blanchir les oignons avant de les enfiler sur les brochettes ; ils seront juste à point. Faites un cran sur la racine quand vous cuisez des oignons entiers ; ils ne se déferont pas.

- Pour épargner du temps lorsque vous faites dorer les oignons, saupoudrez-les d'un peu de sucre durant la cuisson et remuez régulièrement pour que la coloration soit uniforme.

- Ne laissez jamais les oignons prendre couleur lorsque vous les faites revenir ; vous changeriez le goût de votre préparation.

- Passez toujours l'oignon dans le gras avant de l'incorporer à une recette afin d'éviter la fermentation et de rendre la digestion plus facile.

OIGNONS GERMÉS

- Pour éviter que vos oignons germent, passez rapidement sous une flamme (celle de votre briquet par exemple) la tige coupée et entreposez les oignons dans votre garde-manger.

OLIVES

- Si vous désirez dessaler des olives trop salées, plongez-les tout simplement 10 minutes à l'eau bouillante, puis rincez-les à l'eau froide.

- Les olives sont vendues dans une saumure qui ne permet pas la conservation une fois le pot ouvert. Vous devez donc égoutter les olives ou verser une couche d'huile d'olive sur le dessus.

OMELETTE

- Il faut toujours battre les œufs d'une omelette juste avant de les faire cuire. Un seul moment d'attente rend les œufs plats et empêche l'omelette de devenir spongieuse.
- Ne lavez jamais la poêle à œufs avec du détersif ; réservez-la pour les œufs et les crêpes et nettoyez-la plutôt avec de l'huile et du gros sel.

(Voir aussi **ŒUFS** dans la section des techniques.)

OS

- Les os crus de poulet et de dinde donnent un bouillon plus savoureux.

PAIN

- Congelé, le pain se conserve de 2 à 3 mois. Avant de le placer au congélateur, assurez-vous qu'il est refroidi et soigneusement enveloppé.
- Pour le décongeler, sortez-le la veille et mettez-le au réfrigérateur mais en le laissant dans son emballage. Vous pouvez aussi le laisser dégeler le jour même à la température de la pièce.
- S'il est enveloppé dans du papier d'aluminium, vous pouvez à la fois le décongeler et le réchauffer au four. Pour une croûte plus croustillante, finissez la décongélation à découvert.

PAIN RASSIS

- Il est possible de redonner de l'humidité à des petits pains ou à un pain un peu rassis ; il suffit de les déposer dans un sac brun mouillé, de refermer ce dernier et de le mettre au four à basse température jusqu'à ce qu'il soit sec.

PARAFFINE

- Pour sceller les pots de confiture, de gelée ou de marinades, faites fondre de la paraffine dans une boîte vide de café, que vous avez préalablement placée dans une petite casserole d'eau. À l'aide d'une cuillère, déposez la paraffine fondue sur la préparation refroidie. Faites «valser» doucement le pot de façon à ce que la paraffine adhère au rebord. Traitez un pot à la fois, mais assez rapidement, puisque la paraffine refroidit vite. Quand vous avez fini, essuyez la cuillère avec un essuie-tout et laissez refroidir le reste dans la boîte. Couvrez celle-ci d'un couvercle de plastique et gardez-la dans l'armoire pour une utilisation ultérieure.

- Vous pouvez réutiliser la paraffine ; il suffit de la laver pour la débarrasser de toute trace d'aliment, puis de l'essuyer soigneusement. Conservez-la dans la boîte à café que vous employez pour la faire fondre.

PÂTE À TARTE

- Ajoutez du fromage râpé à vos restes de pâte à tarte ; vous pourrez ainsi avoir des pailles au fromage ou des petits biscuits pour servir avec la soupe.
- Les retailles de pâte à tarte sont délicieuses comme amuse-gueule. Ajoutez-leur les ingrédients de votre choix, par exemple du persil, de l'oignon haché, du bacon cuit en dés, des graines de sésame ou de l'anis, et taillez-les en bâtonnets ou en petits biscuits.
- Pourquoi ne pas faire des «cachettes» au jambon ou au poulet avec les restes ? Les possibilités sont innombrables !

(Voir aussi *PÂTE À TARTE* dans la section des techniques.)

PÂTES ALIMENTAIRES

- Un demi-kilo (une livre) de pâtes alimentaires crues équivaut à 4 tasses de pâtes cuites.
- Une tasse de pâtes crues donne environ 2 tasses de pâtes cuites.
- Vous pouvez congeler les pâtes alimentaires cuites.

(Voir aussi *PÂTES ALIMENTAIRES* dans la section des techniques.)

PERSIL

- Les tiges de persil sont aussi savoureuses et nutritives que les feuilles. Hachez-les finement, mettez-les dans la soupe et gardez les feuilles pour les décorations et les salades.
- Il est préférable de ne pas cuire le persil, puisque la cuisson lui fait perdre sa couleur et réduit ses propriétés nutritives. Ajoutez-le cru à vos mets, et au dernier moment.
- Le persil fané reprend de la vigueur lorsqu'on le place dans l'eau glacée.

- Vous pouvez congeler votre surplus de persil et en ajouter juste au dernier moment dans vos salades ou vos soupes ; il aura conservé sa couleur et sa saveur et semblera tout frais.

PINCEAUX

- À moins d'avoir deux pinceaux dans votre cuisine — le premier pour les matières grasses, le deuxième pour les autres usages —, huilez et graissez les moules avec vos doigts.

PLANCHE DE BOIS

- Avant de vous servir de votre planche de bois pour la première fois, frottez-la des deux côtés avec un chiffon imbibé d'eau et de sel marin. Laissez sécher la planche, puis enduisez-la d'huile minérale bien chaude. Refaites cette opération deux fois par année.
- Réservez toujours un côté de la planche pour couper le pain ; ainsi ce dernier ne prendra pas le goût des aliments tranchés, des oignons par exemple, sur l'autre face.

PLAQUE À BISCUITS

- Couvrez la plaque de papier d'aluminium avant d'y faire cuire les biscuits ; ceux-ci s'enlèveront mieux, et cela vous évitera de laver la plaque.
- Si les biscuits sont collés à la plaque, déposez-la sur un linge mouillé et attendez 15 minutes ; il sera alors plus facile de les démouler.

POISSON

- Pour mieux conserver le poisson, trempez un coton dans un mélange de vinaigre et de sucre. Essorez le linge et enveloppez le poisson ; celui-ci se conservera 3 ou 4 jours au réfrigérateur.
- Placé sous l'eau froide courante, le poisson congelé peut être décongelé dans son emballage en peu de temps. C'est le meilleur moyen pour lui conserver sa saveur.
- Lorsque vous cuisez un poisson au court-bouillon, enveloppez-le dans un papier d'aluminium pour qu'il ne se défasse pas, mais ne fermez pas les bouts. Le court-bouillon pourra ainsi pénétrer dans l'emballage ; il sera également plus facile de retirer le poisson de la poissonnière.

- Pour que votre poisson pané soit plus juteux et la panure plus croustillante, plongez le filet de poisson dans un œuf battu avec du lait, puis dans de la panure de pain frais faite au robot culinaire.

  (Voir aussi *ÉCAILLER UN POISSON* dans la section des trucs et *POISSON* dans la section des techniques.)

POMMES DE TERRE

- Les pommes de terre en robe des champs prennent du temps à cuire ; si vous les piquez dans le sens de la longueur ou si vous les tranchez, elles cuiront deux fois plus rapidement.
- Pour que les pommes de terre restent blanches, égouttez-les dès qu'elles sont cuites et asséchez-les sur feu très doux pendant quelques minutes.
- Pour éviter que vos pommes de terre ne noircissent durant la cuisson, ajoutez à l'eau 1 cuillère à soupe de farine et un peu de jus de citron ou de vinaigre.

POMMES DE TERRE EN PURÉE

- Votre purée de pommes de terre sera plus souple et plus savoureuse si vous lui incorporez un blanc d'œuf en neige.

PORC

- Lorsque vous faites cuire du porc, utilisez de la sauge ou du gingembre ; cela facilitera la digestion.
- Même si presque toutes les parties du porc se mangent — des oreilles marinées à la queue grillée —, n'oubliez pas que la chair doit toujours être bien cuite.

POTAGE

- Il faut faire refroidir votre surplus de soupe ou de potage avant de le mettre au réfrigérateur ou au congélateur. Pendant le refroidissement, brassez le potage afin que le fond ne prenne pas trop de temps à refroidir. Vous en prolongez ainsi la conservation et évitez d'avoir des surprises désagréables, comme un potage qui a suri.
- Faites congeler le surplus de vos potages en portions individuelles. Si vous avez un four à micro-ondes, vous pouvez, en quelques minutes à peine,

décongeler et réchauffer votre potage dans le même contenant. Sinon, faites chauffer le récipient dans l'eau chaude à feu doux.
- Le potage doit être servi bouillant.

POT DE CONFITURE
- Vous avez entamé un pot de confiture, mais n'en mangez pas régulièrement ? Mettez directement sur la confiture une feuille de pellicule plastique (papier saran) ; vous empêcherez l'air de détériorer le produit.

POULET
- Pour savoir si un poulet est cuit à point, piquez-le. Le jus qui jaillit doit être incolore.
- Si vous avez attaché un poulet entier avant de le cuire, détachez-le après 1/2 heure de cuisson afin que le haut des cuisses ne reste pas saignant.
- Les os crus de poulet font un meilleur bouillon.
- Si vous désirez servir un poulet en sauce ou en pâté, cuisez-le au court-bouillon : il donnera une excellente galantine et fera de délicieuses croquettes.

(Voir aussi *POULET* dans la section des techniques.)

QUANTITÉS
- Certaines recettes indiquent le nombre de portions qu'elles donnent. Ne vous y fiez pas : plusieurs facteurs font mentir ces chiffres, entre autres, l'âge des invités, l'appétit de chacun, la saison, pour n'en nommer que quelques-uns. Avec l'expérience, vous saurez évaluer les portions que donne chacune des recettes. Prenez également l'habitude d'écrire des notes : l'organisation de vos menus en sera facilitée.

QUEUES D'ÉCHALOTES
- Vous pouvez congeler les queues d'échalotes. Hachez-les avant de les mettre au congélateur dans de petits sacs en plastique ; vous épargnerez du temps lors de la préparation de vos recettes.
- Les queues d'échalotes hachées remplacent la ciboulette dans les sauces, les salades, les soupes.

RÂPE

- Servez-vous de la râpe pour obtenir de fines lanières de zeste d'orange ou de citron pour vos marmelades.
- La râpe est aussi très utile pour enlever facilement la partie brûlée de vos biscuits ou le fond et le tour de vos gâteaux qui ont trop cuit.
- S'il reste des petits morceaux de fromage sur votre râpe, râpez un cube de sucre et ils disparaîtront. Mieux encore, râpez une pomme de terre avant de râper le fromage : celui-ci ne collera pas.

RIZ AU LAIT

- Faites cuire le riz avant de le sucrer : le sucre empêche la cuisson.

ROSBIF

- Ne découpez pas le rosbif au sortir du four ; laissez-le reposer de 15 à 20 minutes en le retournant deux ou trois fois. Cette procédure empêchera le sang de sortir ; la viande sera alors plus tendre et la couleur uniforme.

ROUX

- Le roux est un mélange de gras chaud et de farine que l'on cuit à feu doux plus ou moins longtemps, selon l'usage que l'on désire en faire.
- Il y a trois sortes de roux :
  - *ROUX BLANC :* pour béchamel et velouté
  - *ROUX BLOND :* pour accompagner volaille et viande blanche ;
  - *ROUX BRUN :* base de demi-glace pour accompagner la viande rouge.
- Vous pouvez préparer une grande quantité de roux blanc, le refroidir et le conserver au réfrigérateur. Pour l'utiliser, faites chauffer la quantité de liquide nécessaire à la préparation et ajoutez des cuillerées de roux en fouettant jusqu'à l'obtention de la consistance désirée.

SALADE

- Si vous trouvez que vous manquez d'imagination pour la présentation de vos plats ou pour la décoration d'une salade, pourquoi ne pas découper dans les revues les illustrations de salades que vous trouvez jolies et les garder dans les pages appropriées de votre livre de recettes ?
- Pour faire une bonne vinaigrette pour la salade, il faut 3 parties d'huile pour 1 partie de vinaigre, mais vous pouvez toujours modifier cette recette de base selon votre goût.

- S'il vous arrivait de trop mettre de vinaigrette dans votre salade, soulevez cette dernière et mettez une tranche de pain dans le fond du bol : elle absorbera le surplus et vous n'aurez qu'à la retirer avant de servir.

(Voir aussi **SALADES** dans la section des techniques.)

SALADE DE CHOU

- Pour que votre salade de chou ait meilleur goût, laissez-la mariner deux à trois heures dans sa vinaigrette avant de servir.

SALADE DE FRUITS

- Ajoutez un peu de poivre à votre salade de fruits ; elle sera plus savoureuse.
- Un peu de confiture dans le jus de la salade de fruits le rendra plus onctueux.

SALADE DE POMMES DE TERRE

- Afin que les pommes de terre ne soient ni farineuses ni fades, mettez un peu de vinaigre dans l'eau de cuisson. Une fois que vos pommes de terre sont cuites, refroidies et coupées en cubes, versez dessus un peu de vin blanc bouillant.

SANDWICHS

- Pour ne pas mouiller le pain des sandwichs, mélangez la mayonnaise avec le beurre défait en crème ou la margarine : vous en mettrez moins, et ce sera meilleur pour la santé.

SAUCE BRUNE DE BASE

- Pour économiser du temps dans la préparation de vos recettes, préparez à l'avance une grande quantité de sauce brune de base et congelez-la dans des moules à glaçons. Déposez ensuite les cubes dans des sacs de plastique et mettez-les au congélateur.
- Il ne se formera pas de peau sur la sauce si vous la brassez pendant le refroidissement, qui doit se faire de préférence dans l'eau glacée.

SEL

- Un peu de sel dans les blancs d'œufs les aide à monter en neige.
- Mettez une pincée de sel dans la poêle avant d'ajouter les corps gras ; vous empêcherez les éclaboussures.

- Pour que le sel reste sec, mettez quelques grains de riz dans la salière. Vous pouvez aussi placer un morceau de papier absorbant ou de papier buvard au fond de la salière avant de la remplir.
- Si vous nettoyez vos poêles à crêpes et à frire avec du gros sel, vous les conserverez en meilleur état et les aliments colleront moins.
- Si vous avez une sorbetière, il est indispensable d'ajouter du sel à la glace pour faire geler le mélange.
- Voulez-vous refroidir rapidement votre bouteille de vin ? Déposez-la dans de l'eau glacée salée.
- Tous les mélanges à base de gélatine doivent être refroidis dans l'eau glacée salée.
- Une pincée de sel dans un dessert sucré vous permet de diminuer la quantité de sucre. En effet, le sel relève le goût du sucre.
- Évitez de trop saler ; utilisez plutôt des herbes pour donner de la saveur à vos préparations.

«SODA À PÂTE»

- Le «soda à pâte», ou bicarbonate de soude, n'est pas seulement utile dans les recettes. Il est, entre autres, un très bon agent récurant pour les casseroles.
- Pour éviter que votre réfrigérateur ne soit envahi par les mauvaises odeurs, laissez-y toujours un petit récipient contenant du «soda à pâte».
- Employez le «soda à pâte» pour faire surir le lait lorsque les recettes l'exigent.

STEAK

(Voir *BIFTECK*.)

SUCRE

- Vous pouvez corriger le parfum d'un plat trop salé en y incorporant tout simplement un peu de sucre.
- Les gâteaux se démouleront mieux si vous saupoudrez les moules graissés d'un peu de sucre granulé.
- Si vous déposez un cube de sucre à l'intérieur de votre théière et votre cafetière avant de les ranger dans l'armoire, elles ne transmettront jamais un mauvais goût de renfermé.
- Il suffit d'ajouter une pincée de sucre aux tomates pour enlever leur acidité.

SECRETS DE CUISINE ET D'ENTRETIEN

SUCRE À GLACER
- Vous manquez de sucre à glacer ? Mettez un peu de sucre granulé dans votre robot culinaire, et le tour est joué ! Vous pourrez glacer votre gâteau sans aucun problème.

TABLE
- Lorsque vous préparez vos mets, travaillez toujours sur une table disposée à votre hauteur ; vous vous fatiguerez moins et serez, par conséquent, plus efficace.

TEMPS DE CUISSON
- Rien n'est plus arbitraire que le temps de cuisson. En effet, celui-ci peut varier selon la source de chaleur (bois, gaz, électricité) et la quantité d'aliments dans le four. De même, lorsque vous cuisez en utilisant les éléments de surface, la grandeur et le matériau des casseroles ainsi que l'intensité du feu sont autant de facteurs qui influencent la durée de cuisson. En conséquence, surveillez bien la cuisson de vos plats, et prenez des notes au besoin.

THÉ
- Essayez le clou de girofle dans votre thé. C'est excellent !

TOMATE
- Une cuillerée à thé de sucre et une pincée de bicarbonate de soude («soda à pâte») enlèvent l'acidité des tomates.
- Pour éviter que le potage ou la sauce ne tourne, faites tout simplement chauffer les tomates avec une pincée de soda à pâte.

USTENSILES EN BOIS
- Utilisez toujours une spatule ou une cuillère de bois pour brasser les sauces.

USTENSILES EN ARGENT
- Ne mangez jamais d'œufs avec des fourchettes en argent ; ces dernières jauniraient et garderaient l'odeur du souffre. Si c'est le cas, frottez-les avec un demi-citron et rincez-les à l'ammoniaque.

VINAIGRE

- Pour faire disparaître la croûte graisseuse qui se forme autour de votre casserole pour la friture ou de vos poêles, faites-y bouillir du vinaigre pendant 10 à 15 minutes.
- Le vinaigre ajouté à l'eau de cuisson gardera vos pommes de terre blanches.
- Le vinaigre enlève l'odeur de l'oignon sur les mains.
- Faites bouillir du vinaigre pendant quelques minutes pour faire disparaître les mauvaises odeurs de la cuisine.
- Épongez avec du vinaigre un morceau de viande qui commence à avoir une mauvaise odeur.
- Les œufs pochés ne s'étendront pas s'ils sont cuits dans l'eau vinaigrée.
- Ajoutez un peu de vinaigre à vos croûtes de tarte ; elles seront plus croustillantes.
- Pour nettoyer bouilloire et bain-marie, faites bouillir de temps à autre du vinaigre à la place de l'eau. Rincez soigneusement. Ensuite, faites de nouveau bouillir de l'eau avant d'utiliser votre bouilloire ou votre bain-marie.

VINAIGRE D'ALCOOL

- Pour préparer un vinaigre aromatisé, il suffit d'ajouter un peu de thym et de marjolaine au vinaigre de vin.
- Le vinaigre d'estragon et le vinaigre de fenouil doivent toujours rester blancs.
- Les morceaux de bœuf de deuxième qualité gagneront à être marinés dans du vinaigre aromatisé. Vos viandes braisées auront ainsi un goût plus fin.

VINAIGRETTE

- Pour faire une bonne vinaigrette pour la salade, il faut trois parties d'huile et une partie de vinaigre ; vous pouvez toutefois modifier cette recette de base selon votre goût.
- Faites dissoudre le sel dans le vinaigre ou le jus de citron, car il ne se dissout pas dans l'huile.
- Si vous avez gardé un biberon gradué de bébé, vous saurez toujours la quantité de vinaigrette que vous devez faire ou ajouter à votre salade.

ZESTE DE CITRON OU D'ORANGE

- Avant de couper un citron ou de presser une orange, prenez le zeste et mettez-le dans un petit contenant au congélateur. Vous en aurez toujours sous la main pour aromatiser puddings, biscuits, crème anglaise ou gâteaux.

- Mettez un peu de zeste de citron dans votre théière avant d'infuser le thé ; celui-ci n'en sera que plus savoureux.
- Pour conserver du zeste frais, congelez-le dans un petit récipient ou mélangez-le à du sucre et gardez-le au réfrigérateur.

TECHNIQUES

La section suivante explique quelques techniques de base pour la préparation et la cuisson de plusieurs aliments. Pour faciliter votre recherche, nous avons classé les éléments de cette section par ordre alphabétique.

Les débutants et débutantes apprendront des trucs faciles et efficaces pour cuisiner avec plus d'assurance. Les personnes plus expérimentées, quant à elles, pourront rafraîchir leur mémoire et même découvrir quelques-uns des secrets culinaires qui font les grands plats.

ABATS

Les abats de boucherie sont des aliments facilement périssables. Ils se vendent frais ou congelés. S'ils sont frais, on doit les apprêter un ou deux jours après l'achat. De préférence, n'achetez que la quantité nécessaire, surtout si les abats sont congelés.

Cervelle

- La cervelle est le nom culinaire que l'on donne à la substance cérébrale des animaux comestibles ; sa consistance est molle et fragile. Il faut toujours la

faire dégorger à l'eau froide acidulée, la débarrasser de sa mince pellicule et la pocher sans la faire bouillir.
- On trouve sur la marché la cervelle fraîche ou congelée.

Cœur

- Le cœur est également un excellent achat. Il y en a quatre sortes sur le marché : le cœur de bœuf, de veau, de porc et d'agneau. On peut les acheter frais ou congelés. S'ils sont frais, on doit les utiliser dans les 24 heures. Le cœur de bœuf est le plus économique ; il pèse environ 1,5 kg (3 lb). Celui du veau est plus tendre, plus coûteux et pèse de 300 g à 500 g (de 3/4 lb à 1 lb). Le cœur de porc pèse ordinairement 250 g (1/2 lb) et celui d'agneau, 125 g (1/4 lb).

Foie

- On trouve sur le marché le foie de bœuf, de jeune bœuf, de veau, de poulet et de porc. À part le foie de veau qui est plus coûteux, les foies sont nutritifs et disponibles à des prix très abordables. Bien apprêtés, ils sont délicieux.

Langue

- La langue peut s'acheter fraîche, fumée ou marinée, en conserve ou prête à servir. La langue de bœuf pèse habituellement de 1 kg à 2 kg (de 2 lb à 5 lb), et la langue de veau de 250 g à 1 kg (de 1/2 lb à 1$^{1/2}$ lb). On peut conserver la langue fraîche pendant deux jours avant de l'utiliser. Un demi-kilo (1 lb) de langue peut nourrir quatre ou cinq personnes.

Ris de veau

- Le ris de veau est la glande située à l'entrée de la poitrine. Cette chair est fragile. On doit aussi la dégorger à l'eau froide acidulée, la blanchir, la débarrasser de la membrane qui la recouvre avant de l'apprêter selon la recette choisie.
- On trouve sur le marché du ris de veau frais ou congelé.

Rognons

- Les rognons, s'ils sont bien préparés, sont délicieux et ont un goût raffiné. Lors de la cuisson, l'odeur se dissipera si vous faites blanchir les rognons avant de les apprêter (même lorsque vous les faites sauter). On peut les servir braisés, sautés, en sauce, en pâté ou en brochettes.

- Ces abats s'achètent frais ou congelés. Les rognons de veau ont meilleur goût ; ce sont aussi les plus coûteux. Les rognons de bœuf et de porc possèdent toutefois la même valeur nutritive.

AGNEAU

L'agneau est une viande délicate et délicieuse. On peut maintenant manger de l'agneau toute l'année grâce aux nouvelles méthodes d'élevage. Pour que la viande de l'agneau soit vraiment savoureuse, il faut la manger rosée.

Les parties de l'agneau

- Le gigot est la partie la plus populaire et celle qui contient le plus de viande.
- La longe s'achète entière ou en côtelettes ; elle contient le filet.
- Les côtes constituent la partie la moins charnue ; elles ne contiennent pas de filet.
- Le flanc se vend entier, désossé, roulé ou haché.
- Le jarret est excellent lorsqu'on le sert braisé.
- L'épaule s'achète entière ou désossée. L'idéal, c'est de la farcir. Achetée en tranches, cette partie de l'agneau devient plus dure lors de la cuisson.
- Les herbes recommandées pour la cuisson de l'agneau sont : le romarin, la menthe, l'ail, le thym et le basilic. Les épices conseillées pour les plats cuisinés sont le gingembre et la muscade.

BŒUF HACHÉ

Achat

- N'achetez que la quantité que vous utiliserez dans les deux jours qui suivent. Si vous avez un congélateur, préparez la viande hachée en portions avant de l'y mettre.
- Ne choisissez pas un bœuf haché trop gras ; la quantité diminuera grandement lors de la cuisson et vous ne ferez ainsi aucune économie.

Cuisson à la poêle

- Utilisez une poêle en fonte noire, en téflon noir ou en aluminium épais. Chauffez toujours sur un feu moyen pour garder la même intensité. Pour déterminer si la poêle est assez chaude, mettez-y quelques gouttes d'eau : elle est à point quand les gouttes roulent. Toutefois, elle ne doit pas être trop chaude.

- De préférence, employez du suif de bœuf comme matière grasse : il se consume à haute température, fait moins de fumée et demande une très petite quantité à la fois.
- Pour faciliter la cuisson, faites des galettes de bœuf haché de la même épaisseur. Retournez les galettes quand la couleur grise aura atteint la moitié de l'épaisseur. Si vos galettes sont très épaisses, terminez la cuisson au four ; vous éviterez ainsi de les faire brûler.

Cuisson sur charbon de bois

- Badigeonnez vos galettes de bœuf haché de gras fondu, du suif préférablement (ce gras donne plus de saveur à la viande). Faites cuire sur feu moyen et tournez lorsque la couleur grise a atteint le milieu de la galette.

Congélation et décongélation

- Pour la congélation, enveloppez vos boulettes de viande hachée une par une. Vous pourrez ainsi décongeler seulement la quantité désirée. Ne congelez jamais une grande quantité en rangs superposés, car le centre prend trop de temps à congeler. Il est préférable de faire congeler les galettes sur une plaque à biscuit et de les empiler après congélation.
- Décongelez vos galettes au four à 95°C (200°F) dans leur emballage si c'est du papier d'aluminium ou du papier ciré épais. Le four à micro-ondes décongèle très rapidement. Dans les deux cas cependant, vous devez surveiller la viande.

CONSERVES

- Lorsque vous faites des conserves, il est important que vous respectiez les ingrédients et les proportions demandés. Il vaut mieux répéter la recette que de la doubler ; en effet, en doublant la recette, le temps de cuisson varie, ce qui altère la couleur et la saveur des aliments.
- Quel que soit le moyen de conservation que vous choisissez, utilisez toujours des aliments de première catégorie. Par exemple, mettez en conserve les légumes de votre jardin ou des aliments fraîchement achetés. Quelques jours après leur cueillette, les aliment perdent de leur fraîcheur et de leur valeur nutritive, surtout si vous n'avez pas la place nécessaire pour les entreposer adéquatement.

- Un dernier conseil : avant de faire des conserves, des confitures, des gelées et des marinades, calculez vos besoins pour la saison et l'espace dont vous disposez pour le rangement.

CRÊPES

- Vous pouvez faire vos crêpes à l'avance et les congeler en paquets de deux ou quatre. C'est si facile à dégeler, et cela permet de préparer rapidement une entrée au dernier moment ! On peut les laisser dégeler à la température de la pièce ou activer le processus en les plaçant au four conventionnel ou au four à micro-ondes. Les crêpes doivent être bien refroidies avant d'être mises au congélateur. N'oubliez surtout pas de bien les envelopper, sinon le froid les brûlera.
- Il faut toujours vérifier la consistance de la pâte à crêpes avant de la faire cuire au complet, surtout quand on est débutante ou débutant. Si la pâte s'étend difficilement, c'est qu'elle est trop épaisse ; il suffit alors d'ajouter lentement une petite quantité de lait jusqu'à l'obtention de la consistance désirée.
- Autre détail important : avant de faire cuire la pâte, laissez-la reposer au moins une demi-heure à la température de la pièce.

Choix de la poêle

- La poêle en fonte noire donne de bons résultats. La poêle en fer (poêle française) peut servir à cuire aussi bien les crêpes que les omelettes ; sa forme est idéale, et elle donne un meilleur goût aux aliments. Si vous utilisez la poêle téflon, au revêtement antiadhésif, vos préparations ne colleront pas, mais elles auront une couleur et un goût différents.

Les crêpes :
une bonne façon d'utiliser les restes

- Il y a plusieurs manières d'utiliser les restes avec les crêpes. On peut, bien sûr, farcir les crêpes avec des morceaux de jambon ou avec quelques asperges, par exemple. Mais on peut aussi ajouter tout simplement 1 tasse de pâte à crêpes à 1 tasse de riz, de gruau ou de pâtes alimentaires (adaptez la recette à votre goût). Ensuite, il suffit de faire avec ce mélange des petites crêpes d'environ 8 cm (3 po) et de les servir comme accompagnement ou comme dessert.

SECRETS DE CUISINE ET D'ENTRETIEN

CRUSTACÉS ET MOLLUSQUES
(FRUITS DE MER)

Les gourmets du monde entier apprécient la saveur délicate des fruits de mer. Les principaux crustacés et mollusques vendus au Canada sont le homard, le crabe, les crevettes, les langoustines (aussi appelées scampis), les langoustes, les pétoncles, les palourdes, les huîtres, les moules et les escargots. En saison, on peut les acheter frais dans les supermarchés et durant presque toute l'année dans les marchés spécialisés. En tout temps, ils sont aussi disponibles congelés.

Modes de cuisson

- On peut cuire les fruits de mer de bien des façons, entre autres, par ébullition, à la vapeur ou au court-bouillon. On peut aussi les griller ou les faire sauter.
- Suivant les recettes, les crevettes se cuisent avec ou sans leur carapace, et les huîtres se mangent crues ou cuites.
- Les fruits de mer se servent nature, en plats cuisinés, comme entrées ou en hors-d'œuvre.
- Gardez l'eau de cuisson : vos pourrez l'utiliser dans les sauces ou les soupes.

Voici comment apprêter quelques fruits de mer.

Crevettes

- Suivant les recettes, les crevettes peuvent être cuites avec ou sans leur carapace. Vous pouvez les plonger dans l'eau bouillante ou les mettre dans l'eau froide avec une tranche de citron. Quand l'ébullition commence, retirez-les du feu et laissez-les reposer cinq minutes ; de cette façon, les crevettes ne seront jamais caoutchouteuses.
- La veine noire sur le dos des crevettes est l'intestin. Vous devez l'enlever en faisant une incision sur le dos après avoir retiré l'écaille. Si vous avez enlevé les écailles avant la cuisson, ne les jetez pas. Couvrez-les d'eau salée avec une tranche de citron. Faites-les cuire doucement 20 minutes, puis retirez-les. Vous pourrez utiliser ce bouillon aromatique pour vos sauces.

Moules

- Ces fruits de mer sont absolument délicieux et peu coûteux. Avant de les faire cuire, vous devez toujours brosser soigneusement les moules et les débarrasser des filaments herbeux. Prenez celles qui sont ouvertes dans une main. Si elles sont vivantes, elles se refermeront ; vous pourrez donc les faire cuire et les manger. Celles qui restent ouvertes sont impropres à la consommation ; vous devez les jeter.

- Faites cuire vos moules à la dernière minute, car elles cuisent rapidement. Si elles attendent au chaud, elles brunissent et perdent leur saveur.

Moules à la marinière

- Dans une grande marmite, faites fondre une noisette de beurre. Faites ensuite revenir un peu d'échalote hachée, de persil et saupoudrez de poivre. Ajoutez les moules et couvrez la casserole. Faites cuire à feu vif quelques minutes jusqu'à ce que les moules ouvrent.
- Retirez les moules, égouttez le reste avec précaution au cas où il y aurait du sable au fond de la casserole. Versez la sauce dans un petit plat et servez.

CUISINE MINCEUR

- L'on peut faire d'excellents repas tout en évitant les plats cuisinés trop riches ou contenant trop d'amidon.
- La cuisine minceur semble pour plusieurs un art mystérieux. Rassurez-vous, il n'en est rien. Voici quelques lignes directrices qui vous aideront à apprivoiser la cuisine minceur : mangez beaucoup de légumes et de fruits ; mettez fruits et légumes en purée afin d'en faire des sauces pour accompagner viande, volaille et poisson ; utilisez de la fécule de maïs et du jaune d'œuf comme liaisons au lieu de la farine ; et prenez toujours soin de dégraisser les sauces et le bouillon.
- Les sauces pour accompagner les salades doivent être faites à base d'huile de soya, de maïs ou de tournesol. Le yogourt, la crème sure à basses calories, les fromages blancs à basses calories agrémentent aussi très bien les sauces à salade et permettent de les varier. De préférence, préparez les sauces à salade au fur et à mesure, et si possible, seulement la quantité suffisante pour le repas.

DINDE

- Les méthodes de conservation modernes nous permettent d'avoir de la dinde toute l'année. Cependant, il faut être plusieurs à table pour se permettre de cuire une dinde ; donc, avant d'en acheter, vous devez tenir compte, entre autres, de la grosseur de la volaille, du temps de cuisson et du nombre de personnes à servir.

• D'autre part, je vous suggère de désosser la dinde avant de la cuire. Les avantages sont multiples : temps de cuisson réduit, manipulation facilitée, moins de restes, service plus rapide. Ainsi, vous pouvez faire cuire uniquement la quantité nécessaire ; le reste demeure au congélateur jusqu'à la prochaine fois. Vous économisez le quart du poids de la viande.

Conservation

• Entreposez la dinde fraîche dans la partie la plus froide du réfrigérateur. Faites-la cuire deux ou trois jours après l'achat. La dinde cuite se conserve trois ou quatre jours au réfrigérateur et de un à trois mois au congélateur.

Décongélation

• Vous pouvez décongeler la dinde de différentes façons : au réfrigérateur ; dans l'eau froide courante (sans ouvrir l'emballage) ; à la température de la pièce mais en prenant soin de ne pas dépasser le temps de décongélation. Toutefois, la décongélation au réfrigérateur reste la méthode idéale.

Temps de décongélation

Il faut calculer :
• 5 heures par 450 grammes (1 lb) au réfrigérateur ;
• 1 heure par 450 grammes (1 lb) à l'eau froide courante ;
• $1^{1/2}$ heure par 450 grammes (1 lb) à la température de la pièce.

Farce

• Au moment de farcir la dinde, ne mettez jamais la préparation chaude à l'intérieur. Cette opération se fait toujours le jour de la cuisson, et non la veille.
• Vous pouvez aussi désosser la dinde et cuire la farce à part, soit au four, soit sur un élément de surface de la cuisinière.

FOUR À MICRO-ONDES

Les micro-ondes sont des ondes d'énergie électromagnétique à haute fréquence. Il n'y a que les molécules humides des aliments qui absorbent cette énergie. La vibration rapide des molécules engendre la chaleur, qui ne pénètre qu'à quelques centimètres seulement.

Brassage

- Parce que la chaleur ne se répand pas uniformément, il est très important de brasser les aliments dans le four à micro-ondes afin que la cuisson soit plus uniforme.

Temps de cuisson

- Quand vous n'êtes pas certain du temps de cuisson, ouvrez la porte du four et vérifiez votre préparation. La minuterie sera alors interrompue, mais la chaleur résiduelle pénétrera pendant le temps de vérification, et le plat continuera à cuire sans inconvénient.

Quels plats choisir ?

- Les plats en verre, en pyrex, en papier et en osier sont excellents. De nos jours, les compagnies qui fabriquent des outils de cuisine indiquent sous les plats si on peut ou non les utiliser avec le four à micro-ondes. Vous pouvez également faire l'expérience suivante : versez de l'eau dans un verre, placez celui-ci dans le four à micro-ondes et déposez à côté le plat que vous désirez employer. Chauffez une minute. Si le plat est chaud au toucher, c'est qu'il n'est pas un bon récipient pour le micro-ondes.
- Après avoir fait cuire ou réchauffer vos aliments au four à micro-ondes, vous pouvez prendre le plat sans «mitaines» s'il a une anse ou des poignées, puisque ces parties ne deviennent pas chaudes. Le métal, tel l'aluminium, réfléchit les micro-ondes ; les récipients faits avec ce matériau ne conviennent donc pas.

FRUITS

Achat

- L'idéal, c'est de se procurer les fruits en saison ; à mi-récolte, les fruits sont plus savoureux. N'achetez que la quantité que vous pouvez consommer durant la semaine.

Présentation

- Les fruits peuvent se servir en hors-d'œuvre, en dessert, au naturel ou à la liqueur, en plats cuisinés, au sirop ou pour accompagner la viande. Lavez toujours (avant d'enlever la queue) les fruits que vous mangez avec leur pelure. Mangez les fruits au début du repas ou entre les repas plutôt qu'au dessert.

Conservation

- Habituellement, les fruits se conservent au frais au réfrigérateur. Certains peuvent être congelés, d'autres séchés, mis en conserve, en confiture, en compote, ou encore conservés dans la liqueur.

Fruits pochés au sirop

- Faites pocher les fruits dans un sirop composé de 1 tasse de sucre, 2 tasses d'eau et un peu de jus de citron que vous avez fait bouillir cinq minutes. Ne pochez jamais les fruits à grande ébullition et ne mettez qu'une rangée à la fois. Arrosez-les souvent. Lorsqu'ils sont prêts, retirez-les avec une écumoire et continuez la cuisson du reste des fruits. Remettez le tout dans le sirop pour le refroidissement : les fruits seront plus juteux. N'oubliez pas de les peler avant la cuisson.

JAMBON

Achat

- Pour acheter un jambon, vous devez considérer divers facteurs dont le nombre de personnes, vos goûts, votre budget.
- Il est vraiment impossible de désigner la meilleure sorte de jambon : c'est une question de goût. Je vous conseille toutefois de varier pour tromper la routine.

Jambon fumé
Préparation

- D'après la nouvelle formule, on dit jambon frais pour le porc non fumé et jambon fumé pour le porc qui a subi un traitement. Le jambon est salé avant d'être fumé. Cette opération est faite par les spécialistes du métier. Avec les nouvelles méthodes, les jambons reçoivent la quantité appropriée de sel ; il n'est donc pas nécessaire de les faire tremper avant la cuisson. Toutefois, si certains membres de votre famille doivent suivre un régime sans sel, il est conseillé de dessaler le jambon. Pour ce faire, faites-le tremper dans l'eau froide de 2 à 12 heures, selon le cas. Si la période de dessalage se prolonge plus de 2 heures, changez l'eau deux ou trois fois. Ensuite, égouttez le jambon soigneusement.

Cuisson

- À l'eau, sur la cuisinière : cuisson lente et à petits bouillons.

- Au four : à 175°C (350°F) dans un peu d'eau et dans une lèchefrite couverte. Toujours tenir compte du fait que vous utilisez un jambon semi-cuit, cuit ou sans cuisson.

Conservation

- Le jambon cuit et glacé se conserve environ un mois au frigo. Prenez soin cependant de laisser une circulation d'air quand vous le couvrez. Comme tous les aliments, le jambon doit être bien refroidi avant d'être déposé au réfrigérateur. Il est préférable de ne pas congeler le jambon (le froid fait sortir le sel), mais vous pouvez tout de même congeler des morceaux pour quelque temps ou encore des restes que vous utiliserez dans des préparations.

Bacon

- Le bacon ordinaire est du lard de poitrine entrelardé, salé et fumé. Il est vendu tranché ou en morceaux. Le bacon de dos ou bacon Windsor est de la longe de porc salée et fumée. Il y a donc différentes qualités de bacon ; toutefois, ne choisissez pas le bacon trop gras : il y a trop de perte lors de la cuisson.

Cuisson

- La façon idéale de cuire le bacon, c'est de l'étendre sur un grillage dans une lèchefrite à biscuits et de le cuire au four à 175°C (350°F). Cette méthode permet au gras de s'écouler ; il n'est donc pas nécessaire de retourner le bacon et celui-ci diminue moins. Le temps de cuisson varie selon la consistance désirée du bacon et l'usage que l'on en fait.

Saucisses

Il existe plusieurs variétés et plusieurs qualités de saucisses. Elles peuvent être constituées soit de porc, soit de bœuf, ou bien des deux. Les saucisses de Francfort, quant à elles, sont fumées.

Cuisson

- La meilleure méthode pour cuire les saucisses est de les déposer dans l'eau froide et d'amener l'eau au point d'ébullition sans laisser bouillir. Puis, jetez l'eau et passez les saucisses à l'eau froide. Faites-les ensuite cuire à la poêle ou au four. De cette façon, les saucisses diminuent moins et prennent peu de temps à cuire et à dorer.

SECRETS DE CUISINE ET D'ENTRETIEN

LÉGUMES
- Comme nous n'avons pas beaucoup d'espace pour entreposer nos légumes, il faut les acheter par petites quantités afin de les servir dans les meilleures conditions.

Moyens de conservation
- Au froid et dans un environnement un peu humide : laitue, persil, épinard, cresson, céleri, carottes, choux (verts, rouges), brocoli, choux de Bruxelles, chou-fleur, poireaux, asperges, betteraves, radis, échalotes (veillez à ce que les têtes soient protégées de l'humidité).
- Au froid et au sec : artichauts, avocats, fèves, tomates, champignons, concombres.
- Au frais et au sec : ail, oignons, navets, citrouilles.

Blanc à légumes
- C'est une cuisson à l'eau avec un mélange spécial qui préserve la couleur de certains légumes fragiles à la cuisson. Mélange : pour 1 pinte d'eau, ajoutez 1 cuillère à thé de sel, 1 cuillère à soupe de vinaigre ou le jus d'un citron, 1 cuillère à soupe d'huile. Utilisez ce mélange pour cuire le céleri, le fond d'artichaut, les salsifis ainsi que les légumes devant servir à une salade chaude ou froide. Si les légumes sont servis froids, laissez-les refroidir dans ce liquide.

Cuisson à l'étuvée
- Aussi appelée «cuisson à l'étouffée». On cuit ainsi les légumes jeunes ou émincés. Déposez-les dans une casserole épaisse avec un peu de sel et de poivre, et quelques noisettes de beurre. Placez la casserole sur un élément de surface de la cuisinière et faites perdre aux légumes leur jus. Ensuite, couvrez hermétiquement et continuez la cuisson au four à basse température. Cette méthode conserve la saveur des légumes.
- Avant de cuire ainsi les cubes ou les tranches d'aubergine, de concombres, de courgettes ou de tomates, vous devez les faire dégorger, c'est-à-dire les saupoudrer légèrement de sel, puis les éponger ou les égoutter soigneusement, selon le cas.

Cuisson en sauteuse

- Ne faites jamais trop chauffer la casserole avant d'ajouter un corps gras. De même, veillez à ce que le corps gras ne prenne pas couleur avant d'y faire revenir des légumes pour un potage ou une soupe : la saveur de la préparation serait toute différente. Il est important que les légumes soient tous taillés de la même grosseur pour que la cuisson soit uniforme.

Légumes verts

- N'achetez que la quantité de légumes verts que vous utiliserez dans la semaine. Nettoyez les légumes et déposez-les dans le tiroir du réfrigérateur prévu à cet effet ou dans des sacs de plastique. Les légumes entassés se conservent moins bien.

Asperges

- Au Québec, nous récoltons des asperges fraîches en avril, mai et juin. De préférence, cuisez-les la journée même de leur achat. Si vous devez les conserver, enveloppez-les dans un linge humide et placez-les au frais. Les asperges doivent être pelées sur toute leur longueur. Coupez le bas, qui peut être dur.

Céleri

- Le céleri se sert en branches ou en salade. Vous pouvez faire cuire les branches extérieures, mais gardez les cœurs pour les crudités : ils sont si délicieux !

Chou

- Il est préférable de manger le chou cru, mais il est aussi très bon cuit.

Cuisson

- Si vous avez de la difficulté à digérer le chou, faites-le cuire en deux temps : le premier pour le blanchiment (3 minutes dans l'eau bouillante), le deuxième pour lui donner la tendreté désirée ; il doit toutefois rester croquant. Vous perdez ainsi peu de vitamines et de sels minéraux. Pour éviter que ne se répande l'odeur forte du chou lorsque vous faites une soupe, ne le faites pas revenir avant de l'ajouter au liquide.
- La cuisson à la vapeur ne demande pas deux opérations ; en plus, elle conserve aux choux toute leur saveur et vous permet d'éviter le sel.

Épinards

- Lavez toujours les épinards à grande eau. Puis, épluchez-les en cassant la tige au ras de chacune des feuilles. Si les feuilles sont très fermes, tirez le pédoncule vers l'arrière, ce qui vous permettra d'enlever les nervures filandreuses, au goût si désagréable.
- Faites cuire vos épinards dans très peu d'eau, mais avec surveillance, ou dans une plus grande quantité, sans surveillance.

Fenouil

- Le bulbe est la partie comestible du fenouil. Cru, le fenouil est délicieux en hors-d'œuvre et très rafraîchissant. Vous pouvez le cuire en entier ou en tranches, à l'eau bouillante salée ou à la vapeur. Vous pouvez également le faire gratiner. Il accompagne bien le poisson, la pintade, le poulet.

Laitue

- Si vous lavez les laitues en prévision de plusieurs repas, prenez soin de bien les assécher. L'essoreuse à salade est vraiment idéale pour cela. Des laitues bien asséchées déposées dans des sacs de plastique se gardent bien une semaine et plus. Par contre, il ne faut jamais laver la laitue Iceberg ; gardez toutes les feuilles extérieures pour faire des potages ou des verdures braisées.

Cuisson des légumes verts

Voici quelques lignes directrices pour la cuisson des légumes verts.

- Cuisez toujours vos légumes verts rapidement, à l'eau bouillante salée et à découvert ; sinon, vos légumes risquent de changer de couleur et de perdre leur saveur.
- Si vos invités tardent, ne laissez pas séjourner les légumes dans l'eau de cuisson. Égouttez-les et refroidissez-les immédiatement à l'eau courante. Juste avant de servir, ramenez l'eau de cuisson au point d'ébullition et replongez-y vos légumes.

LÉGUMINEUSES

Les légumineuses, aussi appelées légumes secs, sont les fruits de certains arbres, arbustes ou herbes. Leurs gousses contiennent des graines comestibles : petits pois, haricots rouges, fèves blanches, fèves rognons, fèves jaunes, fèves noires, fèves de Lima, soya, lentilles, gourganes, pois chiches et arachides, pour n'en nommer que quelques-uns.

Les légumineuses ont toujours été considérées comme une source de protides végétales de première qualité. Dans l'histoire des peuples, elles furent la base d'une alimentation saine et à prix modique.

- Les légumineuses sont faciles à entreposer. Elles se conservent au moins une année. Faites-en provision : vous aurez ainsi toujours un aliment nutritif et peu coûteux pour vous dépanner.
- Certaines légumineuses exigent quelques heures de trempage. Cependant, il ne faut jamais utiliser cette eau lors de la cuisson : elle cause de la fermentation. N'ajoutez pas non plus de bicarbonate de soude (soda) à l'eau de cuisson, car il détruit la vitamine B.

Arachide

- Eh oui ! l'arachide est une légumineuse. Elle est donc excellente pour la santé. Mangez vos arachides préférablement avec la petite peau brune : elle prévient la carie dentaire.

Fèves de Lima

- Les fèves de Lima cuisent rapidement. De plus, elles nécessitent moins de trempage que les autres fèves. Ajoutez cette légumineuse aux macédoines de légumes ; c'est à la fois nutritif et savoureux.

Fèves soya

- Les fèves soya sont les légumineuses qui contiennent le plus de protéines. Sous la forme germée, elles sont plus faciles à digérer. Sous forme de farine, les fèves soya augmentent la valeur nutritive des biscuits, galettes, pains de viande, boulettes de viande hachée, etc.

Lentilles

- Le temps de cuisson des lentilles est relativement court, et ces légumineuses ne nécessitent pas de trempage, ce qui réduit d'autant plus le temps de préparation. Assaisonnez-les juste à la fin de la cuisson, car le sel empêche l'eau de pénétrer dans la fève. Mangez-en avec modération ; les lentilles sont nourrissantes mais contiennent aussi une bonne part de calories.

SECRETS DE CUISINE ET D'ENTRETIEN

ŒUFS
Conservation
- De préférence, gardez les œufs au réfrigérateur dans leur carton et le gros bout en haut afin que la chambre à air n'entre pas en contact avec la coquille.

Congélation
- Les œufs se congèlent sans la coquille. On peut les congeler de plusieurs façons : en entier, seul ou par deux ; blancs et jaunes séparés. Placez-les dans des petits contenants, les moules à glaçons par exemple, et mettez-les au congélateur après avoir pris soin d'indiquer les quantités. Une fois congelés, retirez les œufs des moules et déposez-les dans des sacs de plastique étiquetés.

Œufs à la coque
- Lorsque vous faites des œufs à la coque, mettez toujours les œufs sortant du réfrigérateur dans de l'eau froide, et non dans de l'eau bouillante, pour éviter un changement brusque de température. Comptez le temps de cuisson, c'est-à-dire 3 ou 4 minutes à partir du moment où l'eau commence à bouillir.

Œufs durs
- Comme pour les œufs à la coque, évitez les brusques changements de température. Comptez le temps de cuisson, c'est-à-dire 10 minutes à partir du moment où l'eau commence à bouillir.

Œufs pochés
- Les œufs doivent être bien frais, sinon le blanc s'étale et n'enrobe pas le jaune. Pour pocher les œufs, utilisez une casserole basse et d'assez grande surface (si vous ne cuisez qu'un œuf, employez une petite casserole). Remplissez-la d'eau aux deux tiers. Ajoutez 1 cuillère à soupe de vinaigre par pinte d'eau. Faites bouillir. Entre-temps, cassez les œufs dans des petits plats. Faites cuire à douce ébullition 4 ou 5 œufs à la fois pendant $3^{1/2}$ à 4 minutes. Égouttez les œufs à l'aide d'une cuillère trouée. Si vous les servez froids, refroidissez-les à l'eau froide.

Œufs sur le plat

• La méthode pour cuire l'œuf sur le plat (s'il est cuit au four) ou au miroir (s'il est cuit dans la poêle) demande beaucoup de soin. Premièrement, il faut faire chauffer la poêle ou le plat à feu moyen. Ensuite, il faut faire fondre le beurre, puis ajouter l'œuf ou les œufs (que vous avez préalablement cassés dans une assiette pour en vérifier la fraîcheur par l'odorat et la vue). Si l'œuf sur le plat est servi avec une garniture, placez celle-ci au fond de l'assiette avant d'y mettre l'œuf. Vous pouvez aussi ajouter un peu de beurre fondu sur l'œuf juste au moment de servir.

Omelettes

• Pour cuire l'omelette, choisissez de préférence une poêle de fer : elle donne un meilleur résultat et une saveur plus délicate aux œufs. Voici la méthode. Chauffez la poêle à feu vif. Ajoutez le beurre, qui doit grésiller. Versez immédiatement les œufs battus. Remuez à la fourchette et amenez au centre les bords de l'omelette afin de faire une masse régulière. Laissez reposer quelques minutes jusqu'à consistance voulue. Tenez la poêle de la main gauche et, avec la fourchette de la main droite, ramenez l'omelette vers le bas en la pliant. Faites dorer. Renversez enfin l'omelette sur l'assiette et ajoutez la garniture.

• Ne battez jamais les œufs au moussoir. Habituellement, il faut calculer 2 œufs par personne. Vous pouvez ajouter — avec précaution — 1 cuillère à soupe d'eau froide par deux œufs ou un peu de lait ou de crème.

Soufflés

• Les soufflés ne se démoulent pas : ils sont servis dans le récipient de la cuisson. Le soufflé doit être mangé dès sa sortie du four. Si vos invités sont en retard de quelques minutes, le soufflé sera aussi délicieux, mais son apparence sera moins spectaculaire.

• Avant de verser la préparation dans le moule, ayez soin de bien beurrer celui-ci ; saupoudrez-le également de sucre si vous faites un soufflé sucré. Remplissez le moule au moins aux trois quarts ou mieux, à un doigt du bord. Respectez minutieusement les règles de cuisson indiquées dans la recette et assurez-vous d'avoir réglé le four à la bonne température.

SECRETS DE CUISINE ET D'ENTRETIEN

PÂTE À GÂTEAUX

Gâteau au beurre
Des trucs pour réussir

- Pour réussir à coup sûr votre gâteau au beurre, ne doublez jamais la recette, mais répétez-la plutôt plusieurs fois. Utilisez du gras mou, à la température de la pièce, et n'incorporez jamais de sucre avant que le gras soit bien ramolli. Ajoutez ensuite les œufs un à un et battez bien le mélange entre chaque addition. La pâte doit être cassante au lieu d'être coulante, c'est-à-dire qu'elle doit se séparer lorsque vous soulevez la cuillère ou les batteurs.

Les causes d'échec

- Les principales causes d'insuccès sont : mauvaises mesures ; pâte trop travaillée ; four trop chaud ou trop froid ; cuisson prolongée : on ne cuit pas un gros et un petit gâteau à la même température.

Les sortes de farine

- Utilisez de la farine à gâteaux pour les gâteaux au beurre nature, au chocolat, chiffon et éponge. Prenez de la farine tout usage pour les gâteaux aux fruits.

Congélation

- Les gâteaux non glacés se congèlent de 5 à 6 mois. Les glaces au beurre supportent mieux la congélation que les autres types de glace. Congelez les gâteaux glacés avant de les envelopper ; il est préférable de les mettre dans une boîte pour conserver leur forme intacte. Décongelez vos gâteaux à la température de la pièce.

PÂTES ALIMENTAIRES
Cuisson

- Il n'y a qu'une méthode de cuire les pâtes : dans une grande quantité d'eau bouillante salée. Après la cuisson, rincez-les à l'eau courante chaude, si vous les utilisez tout de suite, ou à l'eau froide, si vous désirez les conserver. Dans les deux cas, égouttez-les soigneusement.
- Si vous avez besoin d'une grande quantité de pâtes alimentaires pour une réception, je vous conseille de diviser en deux ou trois la quantité désirée lors de la cuisson. Vous éviterez bien des accidents. Vous pouvez les cuire deux ou trois jours à l'avance en prévision de la préparation de vos salades

ou de vos plats cuisinés. Vous devez toutefois les refroidir complètement à l'eau froide et les égoutter à fond avant de les réfrigérer. Les pâtes cuites, bien refroidies et bien égouttées, se conservent 5 ou 6 jours au réfrigérateur, de 4 à 5 semaines au congélateur et de 6 à 12 mois dans des plats cuisinés bien enveloppés.

- Les pâtes alimentaires non cuites se gardent dans un endroit sec. Débarrassez les pâtes de leur emballage et déposez-les dans des contenants de plastique ou des jarres en verre bien fermées : vous éviterez ainsi que les petites bêtes ne viennent partager votre festin ! Les pâtes sèches se conservent de 3 à 6 mois dans le garde-manger.

- Habituellement, il faut compter 1/2 tasse ou 113 g (4 onces) par personne lorsque les pâtes sont servies comme plat principal. Ajoutez un surplus, au cas où. Les pâtes se servent avec la soupe, comme plat principal, en salade, pour accompagner viande, volaille et poisson à la place du riz ou des pommes de terre.

PÂTE À TARTE (PÂTE BRISÉE)

La pâte brisée est à la base des tartes et des pâtés. On peut aisément la faire à l'avance et la congeler. Voici les principaux ingrédients : farine tout usage, gras, liquide, sel ; la variation en proportion des autres ingrédients donne des pâtes différentes. Il faut être très précis en ce qui concerne les quantités des ingrédients. Si vous devez modifier une recette, notez vos modifications pour les prochaines fois.

Matières grasses

- On peut utiliser bien des matières grasses dans la préparation des pâtes à tarte. Vous devez donc faire un choix. Il est préférable d'utiliser de la graisse végétale, sauf si vous voulez une pâte très fine pour certaines circonstances. Le corps gras doit toujours être froid.

Liquide

- Comme liquide, vous pouvez employer de l'eau, du lait ou du lait de beurre, selon l'effet désiré. Le lait donne une texture molle à la pâte ; l'eau donne une texture plus croustillante. Les œufs battus s'ajouteront aussi aux liquides.

SECRETS DE CUISINE ET D'ENTRETIEN

Rouler la pâte

- Pour rouler la pâte à tarte, utilisez une planche en bois ainsi qu'un rouleau à pâte en bois. Ne lavez jamais le rouleau ; grattez-le plutôt avec le dos d'un couteau et essuyez-le avec un linge humide. Ne mettez pas de glaçons dans les rouleaux conçus à cet effet ; il se forme alors de l'humidité et la pâte devient collante.
- Roulez la pâte en appuyant du milieu vers les bords, sans jamais dépasser afin de ne pas aplatir la bordure. La pâte trop mince ne cuit pas bien : le dessous devient mouillé et le dessus reste blanc.

Une croûte parfaite

- Pour que votre croûte soit parfaite, il est important que vous preniez bien les mesures de votre assiette à tarte : la pâte doit dépasser d'un doigt afin que vous puissiez la replier.
- Déposez la pâte sur l'envers de l'assiette, puis repliez le bord après avoir mouillé la pâte. Pincez le bord. Piquez la pâte afin qu'elle ne boursoufle pas. Placez l'assiette sur une plaque à biscuits. Ayez une assiette plus grande pour la démouler, car la croûte de tarte n'entre pas dans l'assiette sur laquelle elle a cuit.

- Voici quelques termes que vous retrouverez souvent dans les recettes contenant de la pâte brisée.
  - *ABAISSER*. Allonger et amincir au rouleau, à l'épaisseur voulue, une pâte quelconque. Cette pâte prend le nom d'abaisse. On la découpe avec un emporte-pièce ou on l'étend sur le moule que l'on désire foncer.
  - *FONCER*. En pâtisserie, ce terme signifie tapisser un moule avec une abaisse de pâte.
  - *EMPORTE-PIÈCE*. Outil servant à découper la pâte selon des formes particulières.

POISSON

Achat

- De préférence, achetez toujours vos poissons dans une poissonnerie.
- Le poisson frais doit être gardé sur la glace.

Cuisson

- On peut utiliser la cuisson au court-bouillon pour cuire aussi bien les gros que les petits poissons.
- Pour faire votre court-bouillon, ajoutez du vinaigre, du sel, du poivre, des carottes, des oignons, du persil, du thym et du laurier à de l'eau froide dans une marmite. Faites bouillir pendant 20 minutes.
- Versez le court-bouillon chaud sur les petits poissons ou les tranches (darnes). Utilisez du court-bouillon froid pour les gros poissons. Gardez le liquide pour la sauce.
- Faites cuire le poisson de rivière dans un court-bouillon chaud et le poisson de mer dans un court-bouillon froid ; ils n'en seront que plus savoureux.
- Le poisson braisé doit cuire doucement avec un peu de liquide, un fond d'aromates et des condiments.
- Si vous n'avez pas de poissonnière avec un double fond, enveloppez le poisson dans un coton afin de le sortir sans le briser.
- La cuisson à la meunière et à la poêle se fait avec des poissons plats. S'ils sont un peu trop épais, il faut terminer la cuisson au four pour ne pas qu'ils se dessèchent. La méthode consiste à assaisonner le poisson, à le fariner et à le cuire au beurre dans une poêle chaude. Le poisson est ensuite servi arrosé de citron, saupoudré de persil et accompagné de quartiers de citron.

POULET

Achat

- Pour économiser davantage, achetez les poulets entiers et préparez-les vous-même. Gardez les os pour faire d'excellents bouillons.
- Quand vous achetez un poulet, lisez attentivement l'étiquette. Par exemple, vous pouvez faire un très bon achat en vous procurant la catégorie «utilité». Les poulets de grains sont parfois déclassés à cause de la couleur grisâtre de leur peau et du gras ; ce sont cependant les meilleurs poulets.
- Le prix d'un poulet est, bien sûr, déterminé en fonction de sa qualité. Toutefois, le poulet de grains ne répond pas toujours aux critères établis pour la qualité à cause de la couleur de sa peau et du gras. Mais ne vous y trompez pas : c'est le poulet le plus savoureux. Les poulets congelés sont toujours de bonne qualité, à condition qu'ils n'aient pas été décongelés et recongelés, ce qui leur ferait perdre alors de la saveur.

SECRETS DE CUISINE ET D'ENTRETIEN

Préparation

- Lorsque vous préparez vos volailles, ne les lavez pas : plus vous les mouillez, plus elles perdent de leur saveur. Épongez-les seulement à l'intérieur. S'il y a encore du duvet (c'est rare), flambez-le au «sterno» (alcool de bois en pâte en vente dans les quincailleries).
- Vous devez enlever la peau du poulet pour toutes les préparations en sauce : une fois dans le liquide, la peau devient molle et peu appétissante. Gardez les ailes au congélateur ; lorsque vous en avez une quantité suffisante, faites-les dorer au four. Le gésier et le cœur peuvent être cuits dans le bouillon ou servis dans les farces qui accompagnent le poulet. Le foie se congèle très bien ; quand vous en avez plusieurs, vous pouvez les sauter, les servir avec du riz ou faire une pâte de foie qui servira pour les canapés, en hors-d'œuvre.

Conservation

- Le poulet est une viande qui se conserve difficilement ; il faut donc le placer dans l'endroit le plus froid du réfrigérateur. Avant de l'y mettre toutefois, retirez-le de son emballage et déposez-le dans un plat. Couvrez-le ensuite d'un papier ciré ou d'aluminium, mais ne fermez pas hermétiquement. Vous devez le faire cuire dans les 2 ou 3 jours qui suivent. Un poulet qui a dégelé doit être cuit avant d'être congelé à nouveau.

SALADES
Salades simples

- Les salades simples se composent d'un seul élément, cru ou cuit. On varie la vinaigrette, la crème ou la mayonnaise, selon son goût. Les œufs durs broyés servis avec huile et vinaigre en sont un bon exemple. Les légumes ne doivent pas être trop cuits ; il faut les refroidir à l'eau froide courante et toujours les égoutter à fond.

Salades composées

- Les salades composées sont à base de plusieurs légumes crus ou cuits et peuvent aussi comporter d'autres éléments tels que la viande, le poisson, les crustacés ou le jambon. Elles peuvent servir de plat principal pour un lunch ou un brunch, de hors-d'œuvre ou d'entrée. Les salades composées donnent vraiment libre cours à votre imagination et vous permettent d'utiliser des restes d'une façon agréable. Une exigence toutefois : taillez vos ingrédients de la même grosseur.

Huiles parfumées
et vinaigres aromatisés pour vos salades

- Préparez vous-même les huiles et les vinaigres qui serviront à la préparation des vinaigrettes et des mayonnaises pour vos salades ou pour badigeonner les viandes avant la cuisson. Le mélange de ces huiles et de ces vinaigres se fait à froid.

- N'ajoutez jamais la vinaigrette trop longtemps d'avance à vos salades vertes ; les feuilles deviendraient molles et désagréables à manger. Au contraire, pour les salades de chou, il est préférable d'ajouter la vinaigrette quelques heures avant de les servir.

VEAU

Moins gras que le bœuf, le veau s'apprête de mille et une façons. Il y a quatre catégories de veau.

Veau de lait

Ce type de veau est nourri uniquement au lait. C'est la catégorie la plus coûteuse. La chair est blanche et l'animal est moins gros.

Veau primeur

Ce veau de lait lourd est nourri au lait et à ses dérivés. Sa chair est rosée.

Veau de grain

Au début, son alimentation se compose uniquement de lait et ensuite, de lait et de céréales. C'est un veau lourd. Sa chair est rose foncée.

Veau sevré ou de champ

- Les veaux de cette catégorie, beaucoup moins coûteuse que le veau de lait, sont nourris d'aliments solides. Même si la saveur est différente, la valeur nutritive est identique.

Les parties du veau

- Les parties les plus tendres du veau sont le carré, les côtes, la longe, le filet, le cuisseau ; elles comprennent les escalopes, les noisettes, les médaillons, les côtelettes, les grenadins.

- Les morceaux provenant de la partie avant sont braisés ou utilisés pour les ragoûts et la viande hachée.

- Les pieds de veau fournissent à la cuisine sa plus grande source de gélatine naturelle. Pour les galantines et les fonds de veau, on n'a pas besoin d'ajouter un surplus de gélatine si on emploie une assez grande quantité d'os que l'on fait réduire lentement. La saveur y gagne — le seul désavantage en est le coût, relativement élevé.

- Gardez toujours les os et les parures de veau dans votre congélateur ; vous pourrez les utiliser dans les bouillons pour vos sauces.
- À peu près tous les modes de cuisson conviennent à la viande de veau.
- Contrairement à la viande de bœuf, la viande de veau doit toujours être bien cuite.

SECRETS D'ENTRETIEN

AIGUILLÉE DE FIL
- Pour qu'il ne se forme pas de nœuds, passez un morceau de savon sec sur le fil et n'enfilez pas le bout que vous venez de couper.

AIL
- Une gousse d'ail déposée dans un bol avec les légumes crus éloigne les petites bêtes indésirables.
- Si vous n'avez pas d'ammoniaque pour bannir les petites mouches de vos armoires, frottez-en les rainures avec de l'ail. Vous n'aurez pas de visite désagréable.

AIMANT
- Pour ramasser des épingles ou des aiguilles avec un aimant, enveloppez-le d'un morceau de plastique : vous obtiendrez le même résultat et vous n'aurez pas de difficulté à enlever les épingles de l'aimant.

ALCOOL
- L'alcool à 90% enlève les taches de stylo à bille et les marques laissées par le ruban d'une machine à écrire ou d'une imprimante. Faites toujours un essai sur un petit bout de tissu avant d'essayer d'enlever une tache.

SECRETS DE CUISINE ET D'ENTRETIEN

ALUMINIUM

- Pour que vos bijoux et votre coutellerie ne ternissent pas, enveloppez-les dans du papier d'aluminium.
- Vous n'avez pas de petites roches pour faire la couche drainante dans vos pots de plantes ? Faites tout simplement des petites boules de papier d'aluminium, et le tour est joué!

AMIDON

(Voir *FER À REPASSE*r.)

APPLIQUES

- Pour réussir vos appliques, taillez votre patron dans du papier émeri (couramment appelé «papier sablé»), puis posez le côté rugueux sur le tissu : vous n'aurez pas besoin d'épingles puisque le patron tiendra bien en place.

ARGENTERIE

- Pour nettoyer l'argenterie, frottez-la tout simplement avec un peu de dentifrice.
- Vous pouvez aussi nettoyer presque instantanément vos pièces d'argenterie en les plongeant dans un chaudron d'aluminium dans lequel vous avez fait bouillir de l'eau additionnée d'une demi-tasse de bicarbonate de soude.

ARGENT OXYDÉ

- Couteaux et fourchettes en argent oxydés par les œufs se nettoient facilement avec une pâte faite de pommes de terre cuites à l'eau.

AVOINE

- En masque, l'avoine redonne fraîcheur et élasticité à la peau. Diluez de la farine d'avoine dans de l'eau tiède, ajoutez-y un jaune d'œuf, étendez cette pâte sur une compresse et appliquez celle-ci sur le front et les deux joues. Laissez sur votre visage 30 minutes, puis lavez à l'eau tiède et rincez à l'eau froide.

BALLES DE PING-PONG

- Vos balles de ping-pong sont bosselées ? Plongez-les quelques minutes dans l'eau bouillante : les bosses disparaîtront d'elles-mêmes.

BANANE

- L'intérieur des pelures de banane est excellent pour détacher les doigts barbouillés d'encre.

BAS DE LAINE

- Pour garder vos meubles de bois en bon état, enduisez-les d'un peu de cire ou d'huile et frottez-les avec un vieux bas de laine.

BAS DE NYLON

- Pour prolonger la durée de vos bas de nylon, incorporez un peu de vinaigre à l'eau de rinçage.
- Recouvrez votre rétroviseur d'un morceau de bas de nylon : vous empêcherez les reflets des rayons du soleil de vous aveugler.
- Si vous devez transporter dans votre valise une jupe à plis, roulez-la sur elle-même et enfilez-la dans un vieux bas de nylon dont vous aurez coupé le pied. Vous éviterez le repassage.

BIBELOTS

- Vous craignez que vos bibelots tombent et se brisent ? Posez tout simplement en dessous un ruban adhésif double face, et ils resteront bien en place.

BICARBONATE DE SOUDE

- Le bicarbonate de soude («soda à pâte» ou «petite vache») est excellent pour récurer les chaudrons.
- Utilisez aussi le bicarbonate de soude pour désodoriser le réfrigérateur. Il suffit d'en mettre un peu dans un petit contenant et de le laisser en permanence dans le frigo. Changez le bicarbonate tous les mois.
- Pour que votre voiture ait toujours une odeur agréable, mettez un peu de bicarbonate de soude dans le fond du cendrier. De plus, les cigarettes s'éteindront mieux.
- Si vos contenants ou vos sacs de plastique ont pris une mauvaise odeur, faites-les tremper dans de l'eau chaude additionnée d'une bonne poignée de bicarbonate de soude.
- Si le feu prend sur votre cuisinière, jetez-y le contenu de votre boîte de bicarbonate de soude.
- Faites tremper votre peau de chamois dans de l'eau tiède savonneuse à laquelle vous aurez ajouté une poignée de bicarbonate de soude. Après

quelques minutes, rincez soigneusement la peau et faites-la sécher loin de la chaleur. Frottez-la ensuite dans vos mains ; elle redeviendra douce.
- Nettoyez votre argenterie en la plongeant dans un chaudron d'aluminium dans lequel vous aurez fait bouillir de l'eau additionnée d'une demi-tasse de bicarbonate de soude.

BIÈRE
- Redonnez du brillant aux feuilles de vos plantes vertes en les nettoyant à l'aide d'un chiffon imbibé de bière.
- La bière chaude fait briller l'étain.

BIJOUX EN ARGENT
- Si votre peau fait une réaction aux bijoux en argent, enduisez-les d'une couche de vernis à ongles incolore.

BIJOUX EN IVOIRE
- Pour redonner sa belle couleur à vos bijoux en ivoire qui ont jauni, faites dissoudre 2 cuillères à soupe de gros sel dans un peu de jus de citron et frottez vos bijoux avec un linge imbibé de cette préparation. Polissez-les ensuite avec un vieux foulard de soie.

BLANC D'ŒUF
- Le blanc d'œuf monté en neige redonne de l'éclat au cuir blanc. Frottez légèrement le cuir, il brillera comme du neuf.
- Pour que votre teint retrouve un air de jeunesse, enduisez votre visage d'un blanc d'œuf légèrement battu avec un peu de jus de citron. Gardez le masque de 15 à 20 minutes, puis rincez votre visage à l'eau tiède.

BOIS
- Pour raviver la couleur du bois décapé, rincez-le avec du vinaigre chaud.
- Frotter de temps à autre le bois d'ébène avec de l'huile de lin l'aide à conserver son brillant.
- Nettoyez votre bois vernis à l'aide d'un chiffon imbibé de thé froid.
- Entretenez le bois de votre plancher avec un nettoyant à base de solvant : vous enlèverez ainsi le surplus de cire et la saleté. Changez souvent de linge durant le processus, et laissez sécher avant de cirer de nouveau.

- Utilisez toujours la même pâte à base d'huile ou de cire pour nettoyer vos meubles; sinon, vous risquez de tacher le bois. Frottez-les avec un morceau de finette (communément appelée «flanellette») ou avec un vieux bas de laine.

BOÎTE À TOUT METTRE

- Couvrez des boîtes solides de papier adhésif pâle ou foncé. Rangez-y les objets non classés et non classables. Vos tiroirs et vos armoires seront ainsi toujours en ordre. N'oubliez pas d'étiqueter le couvercle.

BOÎTES DE CONSERVE

- Avant d'ouvrir les boîtes de conserve, enlevez le papier qui les entoure ; l'ouvre-boîte est fait pour couper le métal, et non le papier.

BOL À SALADE EN BOIS

- Avant de vous en servir pour la toute première fois, nettoyez vos bols à salade avec du gros sel et enduisez-les d'huile minérale chaude. Essuyez bien. Refaites cette opération deux ou trois fois par année.

BOTTES

- Pour que vos bottes mouillées sèchent sans se déformer, bourrez-les de papier journal chiffonné. Changez le papier au besoin.
- Les taches de calcium sur vos bottes disparaîtront comme par enchantement si vous les frottez avec un peu de vinaigre.

BOUCHON DE LIÈGE

- Si votre table en bois ciré est tachée d'alcool, frottez-la avec un bouchon de liège coupé en deux (utilisez la partie coupée).
- Cendriers et soucoupes tachés de cendre redeviendront propres si vous les frottez avec un bouchon de liège coupé en deux, du sel et quelques gouttes de jus de citron. Les taches disparaîtront complètement et l'émail de la porcelaine restera intact.

BOULES À MITES

- Pour protéger vos livres, réduisez en poudre des boules à mites et soufflez-les avec votre séchoir à cheveux sur les rayons de votre bibliothèque.

SECRETS DE CUISINE ET D'ENTRETIEN

BOUTONS

- Si vous devez coudre un bouton sur du cuir, découpez une rondelle dans un vieux gant de cuir et placez-la à l'intérieur (revers du vêtement) pour éviter de faire un trou en cousant.

BRONZE BOSSELÉ

- Difficile à nettoyer, n'est-ce pas ? Plus avec le mélange suivant : égales quantités d'eau, d'ammoniaque, de vinaigre et d'alcool. Trempez dans cette préparation une vieille brosse à dents et frottez votre bronze. Aucune tache ne vous résistera.

BROSSES À CHEVEUX ET À ONGLES

- Pour nettoyer et raffermir les poils de vos brosses, faites-les tremper dans de l'eau vinaigrée. Ensuite, rincez-les soigneusement et laissez-les sécher.

CADRES

- Avant de fixer un cadre, placez un papier ou un carton à l'emplacement choisi pour vérifier la hauteur et l'effet désiré.
- Habituellement, il faut poser un cadre à la hauteur de l'oeil : ni trop haut, ni trop bas.
- Si vous n'arrivez pas à garder droit l'un de vos cadres, collez un peu de ruban adhésif double face ou un petit morceau de «funtak» sur l'un des coins inférieurs.

CAFÉ

- Vous aimez la pêche ? Retenez ce qui suit : le marc de café dans un bocal hermétiquement fermé conservera vos vers très longtemps.
- Le marc de café constitue également un engrais de bonne qualité.
- Pour redonner sa transparence à votre carafon d'huile, mélangez du marc de café et un peu de gros sel, et versez ce mélange dans le carafon. Agitez vigoureusement et rincez à fond.

CAFETIÈRE-FILTRE

- Pour nettoyer votre cafetière-filtre, mettez du vinaigre dans l'eau et faites fonctionner la cafetière. Rincez plusieurs fois à l'eau froide.

CALCAIRE

- Pour faire disparaître les dépôts de calcaire d'une casserole, faites-y bouillir des pelures de pommes de terre ou un peu de vinaigre.
- De temps à autre, faites bouillir du vinaigre à la place de l'eau dans votre bouilloire et votre bain-marie pour les débarrasser de leurs dépôts de calcaire. Rincez à fond. Faites bouillir de l'eau à nouveau avant de les réutiliser.

CALCIUM

- Pour enlever les taches de calcium sur vos bottes et sur la carpette de l'entrée, frottez-les avec du vinaigre.

CAMBOUIS

- Pour enlever les taches de cambouis, appliquez sur celles-ci de la gelée de pétrole (Vaseline) et laissez reposer une heure. Nettoyez avec un morceau de coton et du tétrachlorure de carbone. Tout disparaîtra. Lavez ensuite le linge lavable à l'eau savonneuse dans la machine à laver.

CAMOMILLE

- Si vous désirez garder la blondeur de vos cheveux, ajoutez un peu de camomille allemande infusée dans votre eau de rinçage après chaque shampooing.

CARAFES, CARAFONS ET BOUTEILLES TACHÉS

- Le fond ou les parois de ces contenants sont tachés ? Pas de panique : prenez des feuilles de thé mouillées et mélangez-les à du gros sel. Déposez ensuite ce mélange dans les carafes ou les bouteilles et ajoutez-y un peu d'eau. Agitez bien. Vos récipients deviendront très propres en quelques instants.
- Si votre carafe est terne, écrasez des coquilles d'œufs, ajoutez-y du vinaigre et versez la préparation dans la carafe. Agitez fortement. Elle redeviendra claire en peu de temps.
- Vous désirez redonner sa transparence à votre carafon d'huile ? Faites un mélange avec du marc de café et un peu de gros sel. Versez cette préparation dans le carafon et secouez vigoureusement. Ensuite, rincez à fond, et le tour est joué !

SECRETS DE CUISINE ET D'ENTRETIEN

CARPETTES

- Pour nettoyer vos carpettes, brossez-les avec un peu d'eau vinaigrée.
- Vous pouvez également les recouvrir de feuilles de thé essorées, puis passer l'aspirateur.

CARTES À JOUER

- Vos cartes à jouer collent ensemble ? Saupoudrez-les d'un peu de talc et brassez-les immédiatement. Le résultat est assuré !

CASSEROLE

- Avant de vous servir pour la première fois d'une casserole en aluminium, faites-y bouillir du lait : elle ne noircira pas.
- Votre casserole en émail terni et jauni peut reprendre son aspect neuf si vous utilisez de l'eau de Javel et de l'eau bouillante. Rincez bien à l'eau chaude, puis à l'eau froide et ne la couvrez pas afin d'assurer une bonne aération.
- Avant de frotter vos casseroles en aluminium avec une laine d'acier savonneuse, faites-les chauffer; elles seront plus brillantes.
- Employez du bicarbonate de soude pour récurer vos casseroles ; c'est très efficace.
- Pour empêcher les casseroles d'aluminium de ternir à l'intérieur, ajoutez un peu de jus de citron à l'eau de cuisson.
- Vous devez nettoyer des casseroles très «gommées» ? Ne vous découragez pas. Ensuite, frottez-les avec du gros sel et essuyez-les bien. Enduisez-les d'huile et faites-les chauffer.

CENDRE DE CIGARETTES

- S'il y a des rayures sur le verre de vos lunettes, frottez-les avec un tampon imbibé de cendre de cigarettes.
- Cendriers et soucoupes tachés de cendre redeviendront propres si vous les frottez avec un bouchon de liège coupé en deux (utilisez le côté coupé), du sel et quelques gouttes de jus de citron. Les taches disparaîtront complètement et l'émail de la porcelaine restera intact.

CHATONS

- Vous avez cueilli des chatons ? C'est si joli comme décoration ! Pour éviter que le pollen ne s'en échappe, vaporisez-les de vernis incolore.

CHAUSSURES MOUILLÉES

- Pour que vos chaussures sèchent sans se déformer, bourrez-les de papier journal chiffonné. Changez le papier au besoin.

CHOU VERT

- Saviez-vous que le chou vert est merveilleux pour nettoyer les tapis ? Le truc est tout simple : à l'aide d'un chou vert coupé en deux, «brossez» soigneusement votre tapis. Ensuite, passez l'aspirateur.

CISEAUX

- Nul besoin de confier vos ciseaux à un spécialiste. Aiguisez-les vous-même en coupant plusieurs fois une feuille de papier émeri (couramment appelé «papier sablé») et en essayant ensuite de couper un goulot de bouteille.

CITRON

- Les fourmis ont envahi vos armoires ? Mettez-y un citron coupé en deux et remplacez-le souvent. Elles s'éloigneront vite, vous verrez !
- Voici un moyen infaillible pour redonner sa belle couleur à vos bijoux en ivoire jaunis. Faites dissoudre 2 cuillères à soupe de gros sel dans un peu de jus de citron. Frottez les bijoux avec ce mélange et polissez-les ensuite à l'aide d'un vieux foulard de soie.
- Si vos mains sont tachées par des fruits, lavez-les avec du jus de citron.
- Des taches de fruits gâchent vos vêtements de laine ou de soie ? Ne vous en faites pas. Tamponnez-les tout simplement avec un peu de jus de citron.
- Gardez vos demi-citrons pressés pour frotter vos doigts lorsqu'ils sont tachés.
- Le vert-de-gris sur vos pièces de cuivre disparaîtra si vous les frottez avec du jus de citron et du sel.

CITRONNELLE

- L'huile essentielle de citronnelle a la propriété d'éloigner les moustiques. Pour ce faire, il suffit de frotter vos bras et votre cou et d'asperger votre environnement de cette huile.

CLOU DE GIROFLE

- Si votre cuisine est imprégnée d'odeurs fortes, faites bouillir pendant 15 minutes 3 cuillères à thé de clou de girofle moulu dans 2 tasses d'eau.

- Pour éloigner les moustiques et les insectes de vos armoires, piquez une orange de clous de girofle et posez-les à divers endroits.

COFFRE À JOUETS

- Quand on a des tout-petits à la maison, on craint souvent de les voir se pincer les doigts quand ils referment le coffre à jouets. Pour leur éviter ce désagrément, collez des morceaux de liège sur les coins avant du coffre.

COLIS

- Pour vous assurer que l'encre de l'adresse sur vos colis ne soit pas altérée, recouvrez-la d'une couche de vernis à ongles incolore.

COLLE DE FARINE

- Je n'achète jamais de colle. Ni pour un timbre, ni pour un coin de tapisserie décollé, ni pour les menus objets brisés. Je délaye tout simplement un peu de farine dans le creux de ma main. Et ça tient bien !

COQUILLAGES

- Pour nettoyer vos coquillages, plongez-les dans l'eau salée quelques minutes : ils s'ouvriront et le reste du sable sortira.

COQUILLES D'ŒUFS

- Écrasez des coquilles d'œufs, ajoutez-y du vinaigre et versez le tout dans la carafe terne que vous désirez nettoyer. Agitez fortement et elle redeviendra claire en peu de temps.

COUTEAUX

- Si vos couteaux ne coupent pas bien et que vous n'ayez pas de fusil ou de pierre douce, aiguisez-les l'un sur l'autre. Cette opération pourra vous tirer d'affaire momentanément.
- Ne faites jamais tremper vos couteaux dans l'eau et ne les mettez en aucun cas dans le lave-vaisselle : ils perdraient vite leur tranchant.
- Pour nettoyer des couteaux rouillés, frottez-les avec un oignon coupé en deux, puis avec de la mie de pain.
- Ne jetez pas votre reste de vin rouge. Faites-le plutôt chauffer et utilisez-le pour effacer les traces d'humidité sur les lames de couteaux.

CRAIE BLANCHE

- Vous pouvez vous débarrasser de la moisissure en utilisant tout simplement un peu de craie blanche. Pour ce faire, frottez les endroits atteints à l'aide d'un bâton de craie ; ou écrasez celle-ci pour en faire une poudre, ajoutez un peu d'eau pour obtenir une pâte et enduisez les taches de moisissure de cette pâte. Laissez sécher et lavez.

CRISTAL

(Voir *VERRE DE CRISTAL*)

CUIR

- Pour retaper un cuir moisi, frottez-le avec de l'essence de térébenthine et enduisez-le d'une mince couche de glycérine; il reprendra l'aspect du neuf.
- Le blanc d'œuf monté en neige redonne de l'éclat au cuir blanc. Frottez légèrement le cuir, il brillera comme du neuf.

CUIVRE

- Les taches de vert-de-gris disparaîtront de vos pièces de cuivre si vous les frottez avec du vinaigre chaud et du sel, ou avec du citron et du sel.

DENTELLES

- Les dentelles garderont leur fraîcheur si vous les mouillez d'eau sucrée avant de les repasser.

DENTIFRICE

- Vous avez perdu le bouchon du tube ? Pour que le dentifrice ne sèche pas, placez le tube, tête première, dans un petit pot d'eau.
- Pour nettoyer vos bijoux et vos ustensiles en argent, frottez-les avec un peu de dentifrice.

DOIGTS

- Vos doigts sont marqués d'encre ? Frottez-les avec l'intérieur d'une pelure de banane.
- Pour éliminer les taches de fruits sur vos doigts, lavez-les dans un peu de jus de citron ou frottez-les avec des demi-citrons pressés.

SECRETS DE CUISINE ET D'ENTRETIEN

EAU DE JAVEL
- Si la senteur de l'eau de Javel persiste sur vos mains, lavez-les avec de l'eau froide vinaigrée.
- Lorsque vous mettez un peu d'eau de Javel dans votre lavage, ajoutez aussi un peu de vinaigre : il en neutralisera l'odeur.
- Pour redonner belle allure à votre casserole en émail terni et jauni, il suffit d'y faire bouillir un peu d'eau de Javel et d'eau. Rincez à fond à l'eau chaude, puis à l'eau froide; ne la couvrez pas afin d'assurer une bonne aération.

ENVELOPPES ET TIMBRES COLLÉS
- Si vos enveloppes et vos timbres sont collés les uns sur les autres, mettez-les au congélateur quelques heures. Vous réussirez à la séparer sans effort et... sans déchirure !

ÉPONGE
- Pour vous débarrasser de la mauvaise odeur de votre éponge, laissez-la tremper toute la nuit dans une eau chaude savonneuse additionnée d'une bonne part de vinaigre. Le lendemain, rincez-la plusieurs fois à l'eau fraîche.

ÉPOUSSETAGE
- Rien de mieux qu'un vieux bas de laine humecté d'un produit de polissage pour épousseter les meubles.

ÉVIER
- Votre évier dégage une mauvaise odeur ? Bouchez-en l'ouverture avec un chiffon et versez du vinaigre bouillant. L'odeur disparaîtra.

FARINE
- La farine peut faire une excellente colle. Il suffit de la mélanger à un peu d'eau du robinet et de former une pâte.
- Si vous avez toujours les pieds gelés l'hiver, saupoudrez légèrement vos chaussettes de farine et de moutarde sèche.

FER À REPASSER
- Mettez du sel dans le mélange d'amidon : votre fer à repasser ne collera pas.

- Si la base de votre fer à repasser est collante, frottez-la doucement avec une petite laine d'acier ou un tampon imbibé de vinaigre et trempé dans du sel fin. Rincez-la ensuite avec un peu d'eau et essuyez-la soigneusement.

FERMETURE ÉCLAIR

- Vous n'en trouvez pas de la bonne couleur pour remplacer celle qui est brisée ? Achetez-en une blanche et plongez-la dans la teinture de votre choix.

FEU

- Le lait éteint le feu provoqué par l'essence.
- Si le feu prend dans l'une de vos poêles lorsque vous y mettez une matière grasse, éteignez-le en le saupoudrant généreusement de sel.

FEU DE FOYER

- Prolongez votre feu de foyer à l'aide de fausses bûches. Pour ce faire, mouillez du papier journal, chiffonnez-le bien et roulez-le serré. Laissez sécher parfaitement. Mêlez ces fausses bûches aux bonnes ; elles aideront à garder une belle flamme à votre feu et à le maintenir en vie plus longtemps.

FINETTE

- Enduite de cire ou d'huile pour le bois, la finette (couramment appelée «flanellette») est idéale pour épousseter les meubles.

FLACONS DE PARFUM

- Ne jetez pas tout de suite vos flacons de parfum lorsqu'ils sont vides. Mettez-les plutôt dans votre lingerie ou vos tiroirs.

FLEURS COUPÉES

- Vous prolongerez la vie de vos fleurs coupées en ajoutant 1 cuillère à soupe de sucre en poudre ou de miel à l'eau. Pour conserver vos fleurs coupées plus longtemps, ne changez pas l'eau tous les jours ; n'ajoutez que la quantité manquante.
- Pour garder la fraîcheur des fleurs coupées, mettez-les au réfrigérateur tous les soirs sans eau et remettez-les le matin dans l'eau pour la journée.
- Si vous n'avez pas de grille métallique pour tenir les fleurs coupées dans le vase, faites des trous avec une broche à tricoter dans une pomme de terre

crue. Déposez ensuite cette dernière dans le fond de votre vase ; elle tiendra les fleurs coupées comme par magie.

FOURMIS

- Vos armoires sont pleines de fourmis ? Après avoir fait le ménage, mettez des gouttes d'huile de menthe dans les rainures. Les fourmis ne reviendront pas.
- Pour éloigner les fourmis de vos armoires, vous pouvez aussi y placer un citron coupé en deux que vous changerez régulièrement.

FRAISES

- Appliquez un masque de fraises écrasées mélangées : a) à un blanc d'œuf battu, si vous avez la peau grasse, ou b) à de l'huile d'amande, si votre peau est sèche.

FUMÉE DE CIGARETTES

- Laissez brûler vos chandelles jusqu'à la fin ; elles ont la propriété d'absorber la fumée de cigarettes.

GANTS DE CAOUTCHOUC

- Pour que vos gants de caoutchouc restent en bon état, saupoudrez souvent du talc à l'intérieur.

GÉRANIUMS

- Garnissez votre balcon, vos fenêtres et votre porte de géraniums ; non seulement leur beauté vous ravira, mais vous éloignerez également les moustiques de votre maison.

GLYCÉRINE

- Avez-vous les mains abîmées ? Frottez-les avec de la glycérine. Gardez cette pommade le plus longtemps possible sur votre peau avant de vous rincer les mains.
- Pour retaper un cuir moisi, frottez-le avec de l'essence de térébenthine et enduisez-le d'une mince couche de glycérine ; il reprendra l'aspect du neuf.
- Pour que les semelles de crêpe de vos chaussures restent propres, enduisez-les de glycérine, puis le lendemain, saupoudrez-les de talc. Répétez cette opération au besoin.

GOMME À MÂCHER

- Rien de plus désagréable que de la gomme à mâcher sur les vêtements ou les tapis ! Heureusement, on peut s'en débarrasser facilement en la raclant après l'avoir recouverte de glace pour qu'elle durcisse ou après avoir laissé le vêtement au congélateur pendant quelques minutes.

GOUDRON

- Votre vêtement est taché de goudron ? Ne vous en faites pas. Appliquez tout simplement de la gelée de pétrole (Vaseline) sur les taches et laissez reposer une heure. Nettoyez avec un morceau de coton et du tétrachlorure de carbone. Si votre vêtement est lavable, lavez-le dans la machine à laver à l'eau chaude savonneuse. Et voilà !

HUILE DE LIN

- Frotter de temps à autre le bois d'ébène avec de l'huile de lin l'aide à conserver son brillant.

HUILE D'OLIVE

- Vos ongles sont cassants ? Trempez-les deux fois par semaine durant 15 minutes dans 1/2 tasse d'huile d'olive chaude additionnée d'un peu de jus de citron.
- L'huile d'olive est aussi excellente pour redonner charme et douceur à vos mains rugueuses. Il suffit de les faire tremper pendant 15 minutes une fois par semaine dans un bol contenant de l'huile d'olive chaude.

HUILE MINÉRALE

- Pour garder vos planches à pâtisserie et à légumes en bonne condition, enduisez-les d'huile minérale chaude et laissez reposer. Ensuite, essuyez-les soigneusement. Refaites cette opération deux ou trois fois par année.

JUPE

- Si vous devez transporter dans votre valise une jupe à plis, roulez-la sur elle-même et enfilez-la dans un vieux bas de nylon dont vous aurez coupé le pied. Vous éviterez le repassage.

SECRETS DE CUISINE ET D'ENTRETIEN

LAINAGE
- Épinglez votre lainage sur un drap avant de le laver pour en garder la forme. Vous le replacerez dans cette forme en l'étirant juste ce qu'il faut pour le séchage.

LAIT
- Le lait éteint l'essence enflammée.

LAVANDE
- Des grains de lavande dans un sachet parfument vos tiroirs et vos armoires.
- Vous pouvez aussi mettre quelques gouttes d'eau de lavande dans l'eau du pulvérisateur pour humecter vos draps et serviettes avant de les repasser. N'en mettez pas trop, toutefois.

LESSIVE
- Si vous craignez de laver un vêtement de couleur, ajoutez un peu de vinaigre ou de sel à l'eau de la lessive ; ces ingrédients servent de mordants à la teinture.
- Après la lessive, rincez vos vêtements foncés dans l'eau vinaigrée. Vous ferez disparaître les taches blanchâtres, que laissent parfois certains détersifs.

LINGERIE JAUNIE
- Enveloppez les pièces de lingerie que vous n'utilisez pas souvent dans des sacs de plastique foncé ; elles garderont leur blancheur.

LUNETTES RAYÉES
- S'il y a des rayures sur le verre de vos lunettes, frottez-les avec un tampon imprégné de cendre de cigarettes.

MAINS
- Si vos mains sentent l'eau de Javel, lavez-les avec de l'eau froide vinaigrée. Vous verrez, l'odeur disparaîtra en quelques secondes.
- Vos mains sont abîmées ? Enduisez-les de glycérine et gardez cette pommade le plus longtemps possible avant de les rincer.

MANTEAU DE DAIM

- Le col de votre manteau de daim est marqué de taches de poussière ou de sueur ? Frottez-le tout simplement avec de la mie de pain fraîche.

MAUVAISES HERBES

- Pour détruire les mauvaises herbes dans les allées du potager, arrosez-les régulièrement avec l'eau de cuisson des pommes de terre.

MENTHE

- Mettez un peu d'huile de menthe sur vos tablettes d'armoire : elle dégagera une odeur merveilleuse et éloignera les fourmis.

MEUBLES DE BOIS

- Époussetez vos meubles en bois avec un linge, sans mousse, imbibé légèrement d'un produit de polissage pour meubles; frottez ensuite avec un morceau de finette («flanellette») ou une peau de chamois.
- Utilisez toujours la même pâte à base d'huile ou de cire ; tout changement risque de tacher le bois. Pour polir, frottez le meuble avec un vieux bas de laine ou un morceau de finette.

MIE DE PAIN

- La mie de pain nettoie les taches de poussière sur les vêtements blancs ou pâles.
- Si le col de votre manteau en daim est taché par la poussière ou la sueur, frottez-le avec de la mie de pain fraîche.
- Pour nettoyer des couteaux rouillés, frottez-les avec un oignon coupé en deux, puis avec de la mie de pain.

MIROIRS ET VITRES

- Pour éviter que le miroir de la salle de bain ne s'embue, lavez-le une fois par semaine avec de l'alcool de bois ou du vinaigre.
- Nettoyez vitres et miroirs avec du papier journal mouillé à l'eau vinaigrée, puis essuyez-les avec du papier journal froissé. Les vitres seront brillantes et se saliront moins vite. Je vous conseille toutefois de porter des gants...
- Des gouttelettes de peinture sont tombées sur votre miroir lors de votre réaménagement ? Ne vous en faites pas. Racler simplement le surplus de peinture à l'aide d'une lame de rasoir, puis lavez le miroir à l'eau vinaigrée.

Comme agent nettoyant, vous pouvez aussi employer du thé chaud avec un peu de savon ou de nettoyant pour vitres.

- Si vous avez endommagé le dessous de votre miroir, collez-y un morceau de papier d'aluminium.
- Pour créer un effet d'espace, installez des miroirs dans les petites pièces.
- Votre appartement est sombre ? Posez plusieurs miroirs sur les murs : ils reflètent la lumière.

MITES

- Les mites n'aiment pas l'odeur de l'encre d'imprimerie. Après en avoir fait la lecture, mettez donc votre journal dans votre garde-robe ou dans la valise que vous n'utilisez que rarement pour les éloigner. Changez-le au besoin.

MOISISSURE

- Des taches de moisissure ternissent l'éclat de votre salle de bains ? Débarrassez-vous-en en un clin d'oeil grâce à un simple bâton de craie blanche. Pour ce faire, il suffit de frotter les endroits atteints avec la craie et de laver comme à l'habitude. Vous pouvez aussi écraser la craie pour en faire de la poudre et transformer celle-ci en pâte en y incorporant un peu d'eau; ensuite, enduisez les endroits tachés de cette pâte, laissez sécher et lavez.

MOUSTIQUES

- Pour éloigner les moustiques et les insectes de vos armoires, piquez une orange de clous de girofle et posez-les à quelques endroits.
- Garnissez balcons, fenêtres et portes de géraniums : ils ont la propriété d'éloigner les moustiques.
- L'huile essentielle de citronnelle a la propriété d'éloigner les moustiques. Frottez donc vos bras et votre cou de cette huile, et aspergez-en votre environnement.

MOUTARDE SÈCHE

- Pour que les pots de vos plantes ne contiennent pas de vers, diluez de la moutarde sèche dans l'eau d'arrosage.
- Une odeur de moisi plane dans vos armoires ? Déposez-y une soucoupe contenant de la moutarde sèche. Répétez cette opération après une semaine si nécessaire.

- Pour éviter que vos pieds gèlent l'hiver, saupoudrez légèrement vos chaussettes de farine et de moutarde sèche.

NAPPERONS

- Pour empêcher vos napperons de tissus de se froisser, mettez-les entre deux cartons dans le tiroir : ils seront toujours prêts à servir.
- Profitez du jour de cuisson de vos pâtes pour amidonner vos napperons en les passant tout simplement dans l'eau de cuisson.

NAPPES

- Voulez-vous donner un peu de corps à vos nappes sans qu'elles soient raides ? Ajoutez une poignée d'amidon dilué au dernier rinçage.

NETTOYAGE ÉCLAIR DES MURS

- Savez-vous comment faire un ménage rapide des murs de votre cuisine ? La méthode est simple et efficace. Fermez les portes des armoires et faites bouillir deux marmites d'eau. Après 15 minutes, essuyez les murs et les portes d'armoires avec un linge propre. N'oubliez pas de rincer votre linge.

ODEUR D'AIL

- Si vous avez mangé de l'ail, mâchez une ou deux branches de persil ou croquez un clou de girofle pour éliminer la mauvaise haleine.

ODEUR DE CIGARETTES

- Faites bouillir un peu de vinaigre pour éliminer les odeurs de cigarettes dans la maison.

ODEUR DE MOISI

- Déposez de la moutarde sèche dans une soucoupe et placez-la dans votre armoire. Répétez après une semaine si nécessaire.

ODEUR DE POISSON

- Pour ne pas que votre maison soit envahie par l'odeur du poisson que vous faites cuire, laissez un bol avec du vinaigre sur la cuisinière. L'odeur ne se répandra pas.
- Pour chasser l'odeur du poisson, vous pouvez également faire brûler du sucre dans un poêlon.

SECRETS DE CUISINE ET D'ENTRETIEN

ODEUR D'HUILE DE CUISSON

- Pour éviter que votre maison ne s'imprègne de l'odeur de l'huile de cuisson, par exemple lorsque vous faites des beignets ou des frites, ajoutez 1 cuillère à thé de vanille dans l'huile avant de la faire chauffer.

ODEUR D'OIGNON

- Un secret pour éviter la mauvaise haleine lorsque vous mangez des oignons et pour faciliter la digestion : pressez l'oignon ou enlevez la petite pellicule entre chaque rondelle.

- Si vous avez mangé de l'oignon, vous pouvez également mâcher une ou deux branches de persil ou croquer un clou de girofle pour remédier à la mauvaise haleine.

- Si vos mains gardent l'odeur de l'oignon, frottez-les avec du persil.

OEILLETS

- Vos oeillets ont perdu leur fraîcheur ? Ne les jetez pas. Servez-vous-en plutôt pour faire une lotion tonique pour votre peau. Pour ce, faites macérer 4 tasses de pétales d'oeillets dans 4 tasses de vinaigre durant 10 jours. Mettez-en 1 cuillère à soupe matin et soir dans un bol d'eau fraîche pour laver votre visage et votre cou.

ŒUFS

- Ne jetez pas l'eau de cuisson des œufs durs. Une fois refroidie, elle servira à arroser vos plantes.

- Pour redonner de l'éclat au cuir blanc, frottez-le doucement avec du blanc d'œuf monté en neige.

- Pour raviver votre teint, enduisez votre visage d'un masque composé d'un blanc d'œuf légèrement battu et d'un peu de citron. Gardez le masque de 15 à 20 minutes, puis rincez votre visage à l'eau tiède.

- Si votre peau est sèche, enduisez votre visage, vos bras et vos mains d'une préparation faite d'un jaune d'œuf battu et d'une pêche bien mûre écrasée. Gardez cet enduit environ 15 minutes, puis lavez-vous à l'eau tiède.

OIGNONS

- Pour nettoyer vos couteaux rouillés, frottez-les avec un oignon coupé en deux, puis avec de la mie de pain.

(Voir aussi **ODEUR D'OIGNON**.)

ONGLES CASSANTS

- Si vos ongles sont cassants, faites-leur prendre un bain d'huile d'olive tiède, aromatisée d'essence de citron, une dizaine de minutes tous les jours pendant une quinzaine de jours. Répétez l'opération au besoin.

ORGANISATION/PLANIFICATION

- En planifiant votre journée et vos achats, vous épargnez temps, argent, soucis et fatigue. Prenez l'habitude de dresser une liste avant de vous rendre à l'épicerie ou au magasin, et d'écrire chaque soir le travail à faire le lendemain. Vous créerez ainsi une ambiance plus détendue dans la maison.

OUVRE-BOÎTE

- Avant d'ouvrir vos boîtes de conserve, enlevez toujours le papier qui les recouvre ; l'ouvre-boîte est conçu pour couper le métal, pas le papier.

PAPIER CARBONE

- Si votre papier carbone est trop usé, mettez-le au four à feu très doux pendant 10 à 15 minutes. Vous pourrez encore vous en servir pour un bon bout de temps.

PAPIER ÉMERI

(Voir **APPLIQUES**)

PAPIER JOURNAL

- Pour éviter que les mites n'envahissent garde-robe et valises entreposées, mettez-y du papier journal. L'odeur de l'encre d'imprimerie les repousse.
- Après avoir enfilé des gants de caoutchouc, nettoyez vitres et miroirs avec du papier journal mouillé dans de l'eau vinaigrée, puis essuyez-les avec du papier journal froissé. Les vitres seront brillantes et se saliront moins vite.

SECRETS DE CUISINE ET D'ENTRETIEN

PÂTE À MODELER

- Mélangez 1 tasse de sel à 2 tasses de farine tout usage. Incorporez graduellement de l'eau, juste assez pour obtenir une pâte ferme. Les tout-petits prendront plaisir à façonner divers objets, que vous pourrez cuire au four à 175°C (350°F) pendant 20 à 30 minutes. Ensuite, les enfants pourront les peindre au gré de leur fantaisie.

PEAU DE CHAMOIS

- Faites tremper la peau de chamois dans de l'eau tiède bien savonneuse à laquelle vous aurez ajouté préalablement une poignée de bicarbonate de soude («soda à pâte»). Après quelques minutes de trempage, rincez soigneusement la peau de chamois et faites-la sécher loin de la chaleur. Frottez-la ensuite dans vos mains et elle redeviendra douce.

PEAU SÈCHE

- Si votre peau est sèche, enduisez votre visage, vos bras et vos mains d'une préparation composée d'un jaune d'oeuf légèrement battu et d'une pêche bien mûre écrasée. Gardez cet enduit pendant environ 15 minutes, puis lavez-vous à l'eau tiède.
- Si la peau de votre visage est très sèche, faites-vous un masque maison avec les ingrédients suivants :1 jaune d'œuf ; 1 cuillère à soupe de lait en poudre ; 1 cuillère à soupe de lait frais ;1 cuillère à thé de miel. Versez tous les ingrédients dans un bol et battez-les bien. Appliquez ce mélange sur votre visage et votre cou. Gardez-le 15 minutes; profitez-en pour vous détendre. Rincez ensuite le masque à l'eau tiède, puis à l'eau de rose mélangée avec de la glycérine (1 tasse d'eau de rose et 1/2 tasse de glycérine).

PELURES D'ORANGES

- Après avoir pelé une orange, ne jetez pas vos pelures tout de suite. Utilisez-les plutôt pour frotter votre cou et vos bras en sortant du bain; votre peau sera plus douce.

PERCE-OREILLES

- Pour vous débarrasser des perce-oreilles dans votre jardin, mettez des morceaux de pailles sur leur chemin : ils y trouveront refuge et vous pourrez alors les cueillir facilement.

PERSIL

- Pour que votre chevelure soit resplendissante, faites une infusion de persil et utilisez-la pour rincer vos cheveux.
- Pour faire disparaître une odeur d'oignon persistante sur vos mains, frottez-les avec du persil.
- Mâcher quelques feuilles de persil frais après avoir mangé des oignons élimine la mauvaise haleine.

PIEDS GELÉS

- Si vous avez toujours les pieds gelés en hiver, saupoudrez légèrement vos chaussettes de farine et de moutarde sèche ou de poivre.

PINCEAUX

- À moins d'avoir deux pinceaux dans votre cuisine, le premier pour les matières grasses, le second pour les autres usages, huilez et graissez les moules avec vos mains.

PLANCHE DE BOIS

- Avant de vous servir de votre planche de bois, frottez-la des deux côtés avec un chiffon imbibé d'eau et de sel marin. Laissez-la sécher, puis enduisez-la d'huile minérale bien chaude. Répétez cette opération deux ou trois fois par année.

PLANCHER DE BOIS

- Pour nettoyer un plancher de bois, employez un nettoyant à base de solvant et prenez soin de changer souvent de linge. Vous enlèverez ainsi le surplus de cire et la saleté. Laissez sécher avant de cirer de nouveau.

PLANTES

- Vous n'avez pas de petites roches pour faire la couche drainante dans vos pots de plantes ? Faites tout simplement des petites boules de papier d'aluminium, et le tour est joué!
- Pour éviter les éclaboussures lorsque vous arrosez vos fleurs et vos plantes, mettez une petite rangée de cailloux sur le dessus du pot.
- Ne jetez pas l'eau de cuisson de vos oeufs durs. Laissez-la refroidir et arrosez-en vos plantes.

SECRETS DE CUISINE ET D'ENTRETIEN

- Redonnez du brillant aux feuilles de vos plantes vertes en les nettoyant à l'aide d'un chiffon imbibé de bière.
- Pour que les pots de vos plantes ne contiennent pas de vers, diluez de la moutarde sèche dans l'eau d'arrosage.

POIVRE

- Si vous gelez facilement des pieds durant la saison froide, saupoudrez légèrement vos chaussettes de poivre.
- Pour éloigner les vers des plantes de votre potager, mélangez du poivre en grain aux graines de semences.

POMMES DE TERRE

- Pour redonner de l'éclat à une ancienne peinture à l'huile, frottez-la doucement avec une pomme de terre crue coupée. Au fur et à mesure du nettoyage, tranchez la pomme de terre. Essuyez ensuite avec un linge doux.
- Si vous n'avez pas de grille métallique pour tenir les fleurs coupées dans un vase, faites des trous avec une broche à tricoter dans une pomme de terre crue. Déposez-la ensuite dans le fond de votre vase. Elle tiendra les fleurs coupées comme par magie.
- Pour faire disparaître les dépôts de calcaire d'une casserole, faites-y bouillir des pelures de pommes de terre.
- Frottez vos couteaux en argent avec une pomme de terre crue ; ils retrouveront leur éclat.
- Des rondelles de pommes de terre placées sur le dessus du pot à tabac empêchent celui-ci de se dessécher.
- Arrosez régulièrement les allées du potager avec l'eau de cuisson des pommes de terre ; aucune mauvaise herbe n'y poussera.

PORCELAINE

- Après le repas, nettoyez vos assiettes de porcelaine avec un essuie-tout ou une spatule de caoutchouc. Vous éviterez d'égratigner votre vaisselle.
- Lorsque vous rangez vos assiettes de porcelaine, placez un carton entre chacune d'elles pour ne pas qu'elles s'égratignent.

POUBELLE

- Arrosez de vinaigre le tour et le couvercle de la poubelle que vous laissez à l'extérieur de la maison ; vous éloignerez les chats et les chiens sans leur causer de tort.

RANGEMENT

- Vous manquez d'espace de rangement ? Utilisez l'espace libre sous les lits ! Pour vous faciliter la tâche, installez des roulettes sur une planche de contreplaqué ainsi qu'une poignée. Vous pourrez récupérer vos objets sans vous éreinter.

RÂTEAU

- Pour ramasser plus de feuilles à la fois, taillez un morceau de grillage et fixez-le aux dents du râteau.

RÉFRIGÉRATEUR

- Si une odeur désagréable persiste dans votre réfrigérateur, déposez à l'intérieur un bol de vinaigre bouillant. Laissez-le refroidir et l'odeur disparaîtra.
- Un peu de bicarbonate de soude («soda à pâte») en permanence dans votre frigo élimine les mauvaises odeurs. Changez le contenant de bicarbonate tous les mois pour plus de fraîcheur.

REPASSAGE

- Pour empêcher le fer de coller en repassant des vêtements amidonnés, mettez un peu de sel dans l'amidon.

RÉTROVISEUR

- Recouvrez le rétroviseur d'un morceau de bas de nylon ; vous empêcherez ainsi les reflets du soleil de vous aveugler.

RIDEAU DE DOUCHE

- De préférence, choisissez un rideau de douche en ratine. Il sera plus absorbant et se lavera à la machine.

SECRETS DE CUISINE ET D'ENTRETIEN

ROSES

- Pour prolonger la vie des roses, plongez-les dans environ 4 pouces d'eau bouillante pour quelques minutes ; ensuite, remettez-les dans leur pot, que vous aurez préalablement rempli d'eau glacée.

ROULEAU À PÂTE

- On ne doit jamais laver un rouleau à pâte. Il faut simplement le gratter avec le dos d'un couteau et le frotter avec un essuie-tout.
- Il ne collera pas à la pâte si vous l'enfarinez avant de vous en servir.

RUBANS

- Les rubans garderont leur fraîcheur si vous les mouillez d'eau sucrée avant de les repasser.

SALIÈRE

- Pour que le sel reste bien sec, mettez quelques grains de riz dans la salière.
- Un morceau de papier absorbant ou de papier buvard placé au fond de la salière absorbe l'humidité et garde le sel bien au sec.
- Lavez soigneusement salières et poivrières avec de l'eau additionnée de gros sel et de vinaigre, puis rincez-les à fond et laissez-les sécher. Lors du séchage, vous pouvez aussi les déposer dans un four à 95°C (200°F) jusqu'à ce que l'intérieur soit parfaitement sec.

SAVON

- Gardez toujours vos petits morceaux de savon. Vous pourrez les réutiliser. Voici comment : passez plusieurs bouts de savon au hache-viande, ajoutez un peu d'eau et mettez ce mélange dans des petits moules. Laissez sécher. Et voilà !
- N'achetez plus de crayons marqueurs pour les tissus. Lorsque vous confectionnez un vêtement, marquez-le à l'aide d'un petit bout de savon ; vos repères seront très clairs et, surtout, partiront à tout coup au premier lavage.
- Pour vous débarrasser des marques de détersif sur les vêtements foncés, ajoutez toujours un peu de vinaigre à l'eau du dernier rinçage.

SEL

- Pour conserver vos poêles à frire et à crêpes dans un meilleur état, nettoyez-les avec du gros sel. Vous empêcherez ainsi également les aliments de coller.

- Voulez-vous enlever des taches de rouille ? Mettez du sel et du jus de citron sur la tache et nettoyez-la au-dessus de la vapeur. C'est infaillible.

- Pour nettoyer des casseroles vraiment «gommées», faites-les chauffer un peu, enduisez-les d'un peu d'huile et frottez-les avec du gros sel. Essuyez soigneusement.

- Déposé dans les fentes des armoires, le sel empêche le passage des fourmis.

- Voulez-vous refroidir rapidement votre bouteille de vin ? Placez-la dans de l'eau glacée salée.

- Ajoutez une cuillère à soupe de sel dans votre sac à eau chaude ; il gardera sa chaleur plus longtemps. De même, si vous mettez un peu de sel dans votre sac à glace, il restera froid pour une plus longue période.

- Si le feu prend dans l'un de vos poêlons lorsque vous y mettez une matière grasse, éteignez-le en le saupoudrant généreusement de sel.

- Si la base de votre fer à repasser est collante, frottez-la doucement avec une petite laine d'acier ou un tampon imbibé de vinaigre et trempé dans du sel fin. Rincez-la ensuite avec un peu d'eau et essuyez-la soigneusement.

- Mettez du sel dans le mélange d'amidon lorsque vous repassez: votre fer ne collera pas.

- Vous pouvez facilement redonner sa belle couleur à un bijou en ivoire qui a jauni. Il suffit de faire dissoudre 2 cuillères à soupe de gros sel dans un peu de jus de citron et de frotter le bijou avec cette préparation. Polissez-le ensuite à l'aide d'un vieux foulard de soie.

- Pour enlever les taches de vos carafes et bouteilles, prenez des feuilles de thé mouillées et mélangez-les à du gros sel. Déposez ensuite ce mélange dans les récipients et ajoutez-y un peu d'eau. Agitez bien. Les taches disparaîtront en quelques instants.

SEL MARIN

- Avant de vous servir de votre planche de bois, frottez-la des deux côtés avec un chiffon imbibé d'eau et de sel marin. Laissez-la sécher, puis enduisez-la d'huile minérale bien chaude.

SECRETS DE CUISINE ET D'ENTRETIEN

SEMELLES DE CRÊPE

- Pour que les semelles de crêpe de vos chaussures et de vos bottes restent propres, enduisez-les de glycérine, puis le lendemain, saupoudrez-les de talc. Répétez l'opération tous les 15 jours.

SOINS DES CHEVEUX

- Après un bon shampooing, rincez vos cheveux avec une infusion de camomille ou de jus de citron. Votre chevelure sera éclatante.
- Un peu de vinaigre dans l'eau de rinçage donnera du brillant à vos cheveux.

SOINS DE LA PEAU

- Pour que la peau de votre visage et de vos mains reste bien douce, enduisez-la d'un mélange de miel et d'huile d'olive. Attendez 30 minutes et lavez-vous à l'eau tiède, puis à l'eau froide. Essuyez soigneusement. Vous verrez vite la différence !
- Si votre peau est sèche, enduisez votre visage, vos bras et vos mains d'un mélange composé d'un jaune d'oeuf et d'une pêche bien mûre écrasée. Gardez ce masque traitant environ 15 minutes, puis lavez-vous à l'eau tiède.

SOULIERS DE TOILE BLANCHE

- Rien de plus désagréable que ces souliers de toile toujours sales. Avant de les mettre, vaporisez-les d'amidon ; la saleté n'adhérera pas. Veillez toutefois à ne pas mettre les pieds dans une flaque d'eau !

STYLO À BILLE

- Pour faire disparaître les taches de stylo à bille, frottez-les avec de l'alcool à 90%.
- Vous pouvez aussi utiliser du jus de citron si elles ne sont pas trop prononcées.

SUCRE

- Une théière ou une cafetière peu utilisée n'aura aucun goût de «renfermé» si vous déposez un cube de sucre à l'intérieur avant de la ranger dans l'armoire.
- Ajoutez chaque matin un peu de sucre en poudre dans l'eau du vase à fleurs. Cela redonnera de la vigueur à vos fleurs coupées et prolongera leur vie.

- Les dentelles, les robes de poupées et les rubans auront plus fière allure si vous les empesez avec un peu d'eau sucrée avant de les repasser.

TABLE

- Lorsque vous cuisinez ou que vous bricolez, travaillez toujours sur une table dont la hauteur vous convient ; vous vous fatiguerez moins et serez d'autant plus efficace.

TACHE D'ALCOOL

- Si votre table en bois ciré est tachée d'alcool, frottez-la avec un bouchon de liège coupé en deux (utilisez la partie coupée).

TACHE D'EAU

- La tache laissée par un verre sur une table est tenace. Frottez-la vigoureusement avec de l'huile à friture ayant déjà servi. Répétez l'opération au besoin. Ensuite, cirez votre table. Elle retrouvera l'aspect du neuf en un tournemain!

TACHE DE CENDRE

- Cendriers et soucoupes tachés de cendre redeviendront propres si vous les frottez avec un bouchon de liège coupé en deux, du sel et quelques gouttes de jus de citron. Les taches disparaîtront complètement et l'émail de la porcelaine restera intact.

TACHE DE CIRE

- Pour enlever la cire des chandelles sur une nappe ou un vêtement, grattez légèrement la tache pour retirer le surplus de cire. Placez la partie tachée entre deux essuie-tout et passez le fer chaud en changeant de place chaque fois. Lavez ensuite votre nappe à l'eau tiède savonneuse. Si le linge est blanc, ajoutez de l'eau de Javel lors du lavage.

TACHE DE FRUIT

- Si vos mains sont tachées par des fruits, lavez-les avec du vinaigre ou du jus de citron.
- Des taches de fruit gâchent vos vêtements de laine ou de soie ? Ne paniquez pas. Tamponnez-les tout simplement avec un peu de vinaigre ou de citron.

SECRETS DE CUISINE ET D'ENTRETIEN

TACHE D'ENCRE
- Pour débarrasser vos doigts des taches d'encre, frottez-les avec l'intérieur d'une pelure de banane.

TACHE DE SANG
- Pour enlever une tache de sang sur un lainage léger, il suffit de l'imbiber d'un peu d'eau froide dans laquelle vous aurez fait dissoudre une aspirine. Lavez ensuite votre lainage à l'eau tiède savonneuse.

TACHE D'ŒUF
- Les taches d'œufs disparaîtront si vous les imbibez d'eau froide en les frottant doucement. Lavez ensuite le vêtement ou la nappe à l'eau froide savonneuse et rincez soigneusement.

TACHE DE VIN ROUGE
- Votre belle nappe neuve est tachée de vin rouge ? Mouillez tout simplement la tache avec du vin blanc, puis recouvrez-la de sel (il absorbera le vin). Attendez quelques minutes et frottez la tache en ajoutant un peu de vinaigre. Rincez à l'eau froide.

TALC
- Pour que vos gants de caoutchouc restent en bon état, saupoudrez souvent du talc à l'intérieur.
- Pour que les semelles de crêpe de vos chaussures demeurent bien propres, enduisez-les de glycérine; puis, le lendemain, saupoudrez-les de talc. Répétez cette opération au besoin.

TAMPON À RÉCURER
- Le tampon vert servant à récurer peut aussi rafraîchir le col d'un veston de daim.

TAPIS
- À l'aide d'un chou vert coupé en deux, «brossez» soigneusement votre tapis. Ensuite, passez l'aspirateur. C'est un truc extrêmement facile et tellement peu coûteux !

- Vous pouvez nettoyer vos tapis avec des feuilles de thé. Il suffit de bien essorer les feuilles et de les étendre sur les tapis et les carpettes. Ensuite, passez l'aspirateur.

THÉ

- Ne jetez pas vos restes de thé : vous pourrez vous en servir une fois la semaine pour arroser vos plantes.
- Nettoyez le bois verni avec un chiffon imbibé de thé froid.
- Ne jetez pas vos feuilles de thé. Essorez-les soigneusement et étendez-les sur les tapis et carpettes que vous désirez nettoyer. Passez l'aspirateur, et le tour est joué !
- Vos feuilles de thé vous serviront aussi à détacher carafes, carafons et bouteilles de toutes sortes. Pour ce, il suffit de mélanger vos feuilles à du gros sel et de les verser dans les récipients. Ajoutez un peu d'eau et agitez vigoureusement. Rincez.
- Des gouttelettes de peinture sur vos miroirs ? Ne vous en faites pas. Racler tout simplement le surplus à l'aide d'une lame de rasoir ; ensuite, lavez-le avec du thé chaud et un peu de savon.

TÉRÉBENTHINE

- Pour retaper un cuir moisi, frottez-le avec de l'essence de térébenthine et enduisez-le d'une mince couche de glycérine.
- Vous pouvez raviver la laine de vos tapis et carpettes à peu de frais en les brossant avec un peu de térébenthine mélangée à 4 tasses d'eau chaude.

TOMATE

- Pour redonner de l'éclat à votre teint, faites-vous un masque à la tomate. Écrasez une belle tomate bien mûre, étendez cette purée entre deux étamines (appelé «coton à fromage») et appliquez cette préparation sur votre visage. Allongez-vous pendant environ 15 minutes. Rincez ensuite votre peau à l'eau fraîche. Vous retrouverez votre teint de jeune fille!

USTENSILES EN ARGENT

- Ne mangez jamais d'œufs avec des fourchettes en argent ; elles jauniraient et garderaient l'odeur du soufre.
- Si vos ustensiles en argent sont jaunis, frottez-les avec un demi-citron et rincez-les à l'ammoniaque.

- Couteaux et fourchettes en argent oxydés par les oeufs se nettoient facilement avec une pâte faite de pommes de terre cuites à l'eau.
- Le dentifrice est aussi excellent pour nettoyer les ustensiles en argent.

VALISES

- Pour éviter que vos valises entreposées ne soient envahies de mites, mettez-y quelques pages de journal, que vous changerez de temps à autre. L'odeur de l'encre d'imprimerie éloigne ces bestioles.

VERNIS

- Le pollen des chatons que vous venez de cueillir ne s'échappera pas si vous vaporisez ceux-ci de vernis incolore.

VERNIS À ONGLES

- Les adresses sur vos colis ne seront jamais barbouillées d'encre si vous les protégez d'une couche de vernis à ongle incolore.
- Si votre peau réagit aux bijoux en argent, enduisez ces derniers d'une couche de vernis à ongles incolore.

VERRE

- Vous est-il arrivé de mettre deux verres l'un dans l'autre et de ne pouvoir les séparer par la suite ? Si cela se produit, remplissez d'eau froide le verre qui est à l'intérieur et plongez l'autre dans l'eau chaude. Vous pourrez ainsi les séparer... avec précaution, bien entendu !
- Vous avez brisé un verre ? Ramassez les miettes avec une ouate mouillée. Le petit balai ramasse-poussière risque de garder des morceaux qui pourraient vous blesser par la suite.

VERRE DE CRISTAL

- Les verres de cristal sont si fragiles que l'on craint de les essuyer. Pour éviter de les briser ainsi, rincez-les dans l'eau vinaigrée après les avoir lavés, déposez-les ensuite à l'envers sur un linge et laissez-les sécher. Voilà ! ils seront très clairs et très propres, et surtout intacts...

VERS

- Pour éloigner les vers de vos poireaux ou d'autres plantes, mélangez du poivre en grain aux graines de semences.

- Vous aimez la pêche ? Alors, sachez que le marc de café dans un bol hermétiquement fermé conservera vos vers très longtemps.
- Pour que les pots de vos plantes ne contiennent pas de vers, diluez de la moutarde sèche dans l'eau d'arrosage.

VERT-DE-GRIS

- Les taches de vert-de-gris disparaîtront de vos pièces de cuivre si vous les frottez avec du vinaigre chaud et du sel, ou avec du jus de citron et du sel.

VÊTEMENTS FONCÉS

- Après le lavage, rincez vos vêtements foncés à l'eau vinaigrée ; ils n'auront jamais de ces taches blanchâtres que laissent parfois certains détersifs.

VIN BLANC

- Vous voulez refroidir rapidement votre bouteille de vin blanc ? Placez-la dans de l'eau glacée salée.

VIN ROUGE

- Ne jetez pas votre reste de vin rouge. Faites-le plutôt chauffer et utilisez-le pour effacer les traces d'humidité sur les lames de couteaux.
- Pour nettoyer les taches de vin rouge sur les nappes et les napperons, enduisez-les de vin blanc et saupoudrez-les généreusement de sel. Attendez quelques minutes, puis lavez les taches avec un peu de vinaigre et rincez-les à l'eau froide.

VINAIGRE

- Pour faire disparaître la croûte graisseuse qui se forme autour de votre chaudron à friture ou de votre poêlon, versez-y du vinaigre et faites-le bouillir pendant 10 à 15 minutes.
- L'intérieur de l'une de vos carafes est-il terne ? Écrasez des coquilles d'œufs, ajoutez du vinaigre et versez ce mélange dans la carafe. Agitez fortement. Elle redeviendra claire à peu de frais.
- De temps à autre, faites bouillir du vinaigre à la place de l'eau dans votre bouilloire et votre bain-marie pour les débarrasser de leurs dépôts de calcaire. Rincez à fond. Faites bouillir de l'eau de nouveau avant de les réutiliser.

- Pour remettre en bon état la peau de chamois que vous utilisez pour le ménage, lavez-la à l'eau savonneuse, puis rincez-la à l'eau vinaigrée. Elle sera comme neuve.
- Faites bouillir du vinaigre quelques minutes pour effacer les mauvaises odeurs de la cuisine.
- Utilisez un peu de vinaigre pour enlever l'odeur d'oignon sur vos mains ou pour les débarrasser des taches de fruits ou de légumes.
- Mettez du vinaigre dans l'eau de rinçage de vos cheveux ; ils seront plus soyeux.
- Pour que vos vitres soient claires et qu'elles ne givrent pas en hiver, lavez-les avec de l'eau vinaigrée.
- Votre réfrigérateur et votre congélateur seront resplendissants de propreté si vous les lavez avec de l'eau vinaigrée.
- Si votre éponge dégage une mauvaise odeur, laissez-la tremper toute la nuit dans une eau savonneuse additionnée d'une bonne part de vinaigre. Le lendemain, rincez-la plusieurs fois à l'eau fraîche.
- Lavez vos murs et plafonds peints en blanc à l'eau vinaigrée ; ils seront plus éclatants.
- Craignez-vous de laver un morceau de linge de couleur ? Ajoutez un peu de vinaigre ou de sel à l'eau de lavage ; ces ingrédients servent de mordant à la teinture.
- Vos vêtements sont tachés de fruits ? Frottez tout simplement ces taches avec un peu de vinaigre.
- Lorsque vous mettez un peu d'eau de Javel dans votre lavage, ajoutez-y du vinaigre : il en neutralisera l'odeur.
- Pour désodoriser votre cuisine, faites chauffer un peu de vinaigre de temps à autre.
- En faisant bouillir du vinaigre, vous enlèverez les odeurs de cigarettes dans la maison.
- Arrosez de vinaigre le tour et le couvercle de la poubelle que vous laissez à l'extérieur ; vous éloignerez les chats et les chiens sans leur causer de dommage.
- Un peu de vinaigre chaque jour sur le rebord de vos fenêtres ou de votre balcon éloignera les pigeons.
- Pour prolonger la durée de vos bas de nylon, incorporez un peu de vinaigre à l'eau de rinçage.

- Rincez vos vêtements foncés dans l'eau vinaigrée. Vous ferez disparaître les taches blanchâtres que laissent parfois certains détersifs.
- Pour faire disparaître d'un habit les parties lustrées par l'usure ou un mauvais pressage, frottez-les avec un chiffon d'eau vinaigrée.
- L'hiver, les bottes et les carpettes des halls d'entrée sont souvent tachées de calcium. Pour vous débarrasser de ces marques désagréables, frottez-les avec un peu d'eau vinaigrée, et plus rien n'y paraîtra.
- Pour nettoyer vos salières et poivrières en verre, lavez-les soigneusement avec de l'eau additionnée de gros sel et de vinaigre, puis rincez-les à fond et faites-les sécher.
- Rincer le bois décapé avec du vinaigre chaud en ravive la couleur.
- Pour nettoyer et raffermir brosses à cheveux et brosses à ongles, faites-les tremper dans de l'eau vinaigrée. Puis, rincez-les soigneusement et laissez-les sécher.
- Après avoir lavé vos verres de cristal, rincez-les à l'eau vinaigrée et déposez-les sur un linge pour les laisser sécher.
- Pour éliminer les taches de vert-de-gris, frottez-les avec un mélange de vinaigre chaud et de sel.
- Pour nettoyer vos carpettes, brossez-les tout simplement avec un peu d'eau vinaigrée.
- Votre cafetière-filtre sera toujours bien propre si vous utilisez la méthode suivante de temps à autre : mettez du vinaigre dans l'eau et faites fonctionner votre cafetière ; rincez plusieurs fois à l'eau froide.
- Pour éliminer les taches de peinture sur vos miroirs, raclez le surplus de peinture avec une lame de rasoir et lavez-les à l'eau vinaigrée.

VINAIGRE D'ALCOOL

- Le vinaigre d'alcool est excellent pour nettoyer les miroirs et les vitres des fenêtres.
- Ajoutez un peu de vinaigre d'alcool à l'eau de lavage : il fixe la couleur des tissus.

SECRETS DE CUISINE ET D'ENTRETIEN

VINYLE

- Pour nettoyer le vinyle, rien de mieux que quelques gouttes de savon à vaisselle dans de l'eau tiède.

VITRES

(Voir **MIROIRS ET VITRES**.)

TABLE DES MATIÈRES

SECRETS DE CUISINE ET D'ENTRETIEN

SECRETS DE CUISINE ET D'ENTRETIEN

NOTES

imprimerie gagné ltée

IMPRIMÉ AU CANADA